선생님이라는 이름으로 불리는
당신에게

선생님이라는 이름으로 불리는 당신에게

발행일 2022년 4월 15일

지은이 이국향
펴낸이 손형국
펴낸곳 (주)북랩
편집인 선일영 　　　　　　　　**편집** 정두철, 배진용, 김현아, 박준, 장하영
디자인 이현수, 김민하, 안유경 　　**제작** 박기성, 황동현, 구성우, 권태련
마케팅 김회란, 박진관
출판등록 2004. 12. 1(제2012-000051호)
주소 서울특별시 금천구 가산디지털 1로 168, 우림라이온스밸리 B동 B113~114호, C동 B101호
홈페이지 www.book.co.kr
전화번호 (02)2026-5777 　　　　　　**팩스** (02)2026-5747

ISBN 979-11-6836-273-4 03370 (종이책) 　　979-11-6836-274-1 05370 (전자책)

(주)북랩 성공출판의 파트너

북랩 홈페이지와 패밀리 사이트에서 다양한 출판 솔루션을 만나 보세요!

홈페이지 book.co.kr • **블로그** blog.naver.com/essaybook • **출판문의** book@book.co.kr

작가 연락처 문의 ▶ ask.book.co.kr

작가 연락처는 개인정보이므로 북랩에서 알려드릴 수 없습니다.

아동과 학부모 모두를 돕는 해결중심접근법

선생님이라는 이름으로 불리는 당신에게

이국향 지음

"안녕, 선생님!"

전직 교사 출신의 상담 전문가가
현직 교사에게 건네는 따뜻한 인사,
흔들리는 당신을 위한 뜨거운 권유

북랩

여전히 그리운 그곳을 향한 인사
"안녕, 선생님!"

평촌에서 출발해 돌아오는 길, 억수같이 비가 내렸다.

7년 동안 퇴근길이었던 청계산 고개를 넘자 잠잠해진 비는, 앞서거니 뒤서거니 하며 집까지 따라왔다. 그 비를 따라 학생들, 교실, 복도, 소음, 선생님들이 따라오고, 지난 시간들이 툭툭 떨어져 내렸다.

퇴직 후 이 책을 쓰겠노라 마음먹었다. 학교를 떠난 뒤 몇 년 동안 아팠고, 그 후유증과 싸우고 또 화해하며 새로운 공부를 하느라 몇 년을 더 보냈다. 하지만 학위논문을 제출하자마자 덮어두었던 원고를 꺼냈을 정도로 선생님들에게 꼭 전하고 싶은 게 있었다.

그런데 세계적으로 코로나19가 유행하며 학교 환경이 급격하게 바뀌었다. 학교 문을 열 수 없어 개학을 연기하고 연기하다가 온라인 개학과 교차수업, 그리고 조심스런 등교까지. 학교에는 사람과 사람 사이에 마스크와 투명 가림판이 있는 것이 당연해졌고, 향후 학교가 어떤 모습을 하게 될지는 단언하기 어렵다. 이런 상황에서, 스스로에게 질문해야 했다. 교사들에게 지금 내가 하려는 말이 의미 있을까?

그러다 이 책을 내기로 다시 마음먹은 데는 초등 교사들을 만나 학교상담 컨설테이션consultation을 진행하면서 느낀 점이 있었기 때문이다.

컨설테이션에 참가한 교사들은 예외 없이 한 가지 이상의 문제를 가지고 온다. 그리고 회차가 거듭될수록 문제를 좀 더 잘 다루고, 보다 나은 해결책을 찾으며, 학교생활이 덜 힘들어진다고 말한다. 그런데 이들이 변화하게 되는 계기를 보면 거의 공식처럼 관점에 균열이 생기면서 시작된다. 즉, 자신이 토로하는 문제를 기존과 다르게 보기 시작하면서 변화가 시작되는데, 우리가 문제라고 여기는 것들은 보기에 따라 다르게 해석할 여지가 있기 때문이다. 바로 그렇게 관점이 바뀌면 꼬여 있던 매듭이 거짓말처럼 풀리기도 한다.

그러나 재직할 때나 지금이나 나는 교사들이 문제를 해결하려 의욕적으로 덤비면서도 막상 건드리는 곳은 엉뚱한 데라는 느낌을 강하게 받곤 한다. 그렇지만 이들과 작업하면서 알게 된 것이 있다. 엉킨 곳을 풀 때 고르디우스의 매듭을 자르듯 어디를 자르는 게 용이한지 아는 교사들, '관점의 전환'을 시도할 용기를 가진 이들이 학교 여기저기에 있다는 사실이다. 고무적인 현상이 아닐 수 없다. 세상을 어떻게 바라보는가에 따라 우리 삶도, 내 주변에 끼치는 영향의 색깔도 다른 법이다. 그런 의미에서, 많은 수의 학생과 학부모를 만나야 하는 교사들에게 관점의 전환이 중요하다고 말하고 싶었다.

이 책을 쓸 용기를 낸 또 하나의 이유는 앞으로 변화가 예상되는 교사의 역할을 재고할 때, 이 책이 도움이 되리라 생각하기 때문이다.

데이터 전문가들은 아이러니하게도 우리 사회가 팬데믹 상황에서 실시된 온라인 교육을 통해 학교의 역할에 대해 새롭게 인식하게 되었다고 말한다. 가정에서 공부 중인 아이들을 돌보느라 파김치가 된 부모들을 보며, 학교가 단지 교육의 공간으로만 존재했던 것이 아니라 보육과 식사의 제공, 그리고 학생들이 사회성을 키우고 관계를 형성할 수 있도록 하는 장이었음이 밝혀졌다고도 설명한다.

또 어떤 교육 전문가는 팬데믹 기간의 비대면 교육을 통해 우리는 오히려 선생님과 함께하는 '대면 교육'과 '인간 교사'에 대한 중요성을 깨닫게 되었다고 말한다. 팬데믹 기간에 학교 교육을 바라본 전문가들은 포스트 코로나 시대에 이루어지는 교육에서는 '인간 교사'에 대한 가치는 상승할 테지만 역할에는 큰 변화가 있을 것으로 내다보았다. 특히 다가올 미래의 학교에서 교사가 해야 할 일은 과거와 같이 단순하게 학습 내용 전달자가 아닌 상담가로서의 역할 또한 필요할 것이라고 예측했다.

우리는 팬데믹 상황에서 실시되었던 온라인 학습 경험을 통해 지식이나 정보는 굳이 학교라는 공간에서 교사를 통하지 않고서도 얼마든지 제공 가능하다는 점을 알게 되었고, 일타강사나 잘 구축된 온라인 학습 사이트가 제공하는 서비스의 질이 나을 수도 있다고 생각하기도 했다.

그러나 우리가 놓쳐서는 안 될 한 가지 사실은, 일방향으로 제공되는 학습 내용을 학생들이 수용 가능한 한입 크기로 재단하고 학생 맞춤형으로 전달하는 일은 교사들이 했다는 것이다. 학생들을 온라인 학습에 참여시키고, 개별적인 상황을 관찰하면서, 출근한 부모들과 떨어져 친구를 만나지도 어울려 놀지도 못하고 종일 지내야 하는 학생들의 상태부터 식사를 제대로 하는지까지 신경 쓰며, 심리적 환경까지 보살피는 일 등, 학생들에게 필요한 지원은 결국 인간 교사를 통해서 이루어졌다.

이와 같이 팬데믹 상황에서 인간 교사가 맡은 일은, 지금까지 보아 왔던 전형적인 교사로서의 역할보다는 '상담자'의 그것과 비슷한데, 향후에는 상담자의 기능을 탑재한 교사로서 할 일이 더 많아지고 중요해지지 않겠는가 생각한다. 다른 전문가들의 의견 또한 여기에서 크게 벗어나 있지 않다. 그들은 포스트 코로나 시대의 교사는 지식이나 정보의 전달자가 아니라 학생 개개인에게 맞추는 학습 코디네이터, 상담가가 되어야 한다고 강조한다.

그런데 한편으론 우리 교사들이 기존과 다른, 앞으로 요구되는 새로운 역할을 할 준비가 되어 있는지 궁금하고 염려스러울 때가 있다. 내가 경험한 바에 의하면 '충분히 준비되어 있다'고 자신 있게 말하는 교사들이 많지 않다.

하지만 나는 교사들이 학생들을 위해 필요하다고 판단되는 일을 향해서는 주저하지 않는다고 생각한다. 또 변화가 필요하다면 누가 뭐랄 것도 없이 앞장서서 걸을 수 있는 사람들이라고 본다. 그 정도의 현명함과 전문성을 향한 갈망과 노력하는 자세를 가진 이들이 교사라고 믿는다. 우리는 성공적인 결과가 보장되고 예견되는 일을 시도하는 건 어렵지 않지만, 확신할 수 없는 미래 앞에서는 선뜻 행동하기 어렵다. 그런데 교사들을 지켜보면, 언제 콜럼버스의 달걀 같은 '발상의 전환'이 필요한지 잘 판단하는 것 같다.

내가 가진 교사들을 향한 강한 신뢰의 본질이 무얼까 생각해 본다. 무엇을 근거로 이런 마음을 품었는지 숙고해 보면, 아마도 교사로 살았던 지난 시간에서 기인한 것이 아닌가 싶다. 그때 보았던 내 동료들의 모습에 사랑과 존경을 품게 되었고, 다른 한편으로는 그들이 겪는 어려움을 보면서 연민을 느꼈던 것 같다. 그래서 학교를 떠난 지 오랜 지금에도 이 책을 쓸 마음을 먹게 되었으리라. 이 책을 읽는 내 동료들을 그려 보면 약간의 흥분과 설렘이 인다. 어디서 불어오는지, 기대를 실은 훈풍이 내 마음을 살랑살랑 간지럽힌다. 아마도 책장을 넘기며 내가 하는 말에 고개를 끄덕이다가 어느 때인가 그들이 내게로 걸어올지 모른다는 생각이 들어서일 거다.

나는 2013년 8월 학교를 떠날 때까지 26년 넘게 초등학교 교사로 살았다. 재직 기간과 비슷한 시간 동안 상담 공부를 하고 가족상담사로서 훈련받았으며, 많은 학생과 학부모, 교사들을 상담하고 교육했다. 학교 밖에서는 푸른나무재단(구 청소년폭력예방재단), 청소년상담실, 종합사회복지관, 지역아동센터, 건강가정지원센터 같은 기관들과 오랫동안 함께 일했다. 학교를 떠난 지금도 상담 영역에서 일하고 있으니 기간으로 따져 보면 대략 32년이 지났다.

지금까지 다양한 대상과 상담을 하면서 내가 주로 취했던 접근법은 '해결중심접근'이라는 단기 상담 방법이다. 만약 내가 경험을 통해 이 접근 방법의 효과를 직접적으로 확인하지 못했더라면 아무리 훈련받은 접근 방법이며 현장에서 사용하고 있더라도, 자신 있게 내 동료들을 향해 권할 생각을 하지 못했을 것이다. 교실에서, 또 가정에서 해결중심적인 접근을 시도할 때마다 믿기 어려울 정도로 쉽게 문제가 해결되거나 말썽꾸러기들이 진정되는 모습을 보았다. 그 놀라운 일이 어떻게 가능한지 나누고 싶었다.

학교를 떠난 지 오래된 지금, 나는 다양한 호칭으로 불린다. 해결중심전문상담사, 해결중심가족상담전문가, 단기가족상담전문가, 교사상담 컨설턴트, 심리운동학 박사, 심리운동사, 긍정심리강점전문가 등. 다양한 역할 중에서도 나는 특히 교사들과 상담 컨설테이션에서 만나는 것을 좋아한다. 교사들과 상담 컨설테이션에서 해결책을 구축하는 동안 가장 공들이는 일은 그들이 문제에 초점을 맞추는 방식을 바꿔 긍정적인 면을 먼저 보도록 돕는 것이다. 문제를 토로하는 교사들에게 그들이 끼고 있는 안경, 세상을 보는 방식을 점검하게 하고, 긍정적인 관점을 가지도록 안내한다. 물론 강요나 지시가 아니라 자연스럽게 깨닫도록 돕는다. 컨설테이션을 진행하면서 나는 교사들이 학급에서 쓰는 말을 스스로 점검하고, 문제중심적인 대화에서 상대가 느낄 수 있는 부정적 생각과 감정을 체험한 후, 이를 긍정적인 대화 문장으로 바꾸는 동안 그들에게서 관점의 전환이 일어나는 모습을 확인한다. 믿기 어려울 수도 있지만 이 과정에서 교사들은 자신이 세상을 바라보고 해석하는 방식이 긍정적인지 부정적인지 깨닫는다. 교사들은 '자신이 바라보는 대로 보인다'는 점을 인식하면서 서서히 변화한다. 그리고 자신을 옭아매고 있는 문제나 상황에서 허우적거리기를 멈추고 차차 벗어나고 점차 평온해진다.

여기서 '긍정적으로 바라보는 시선'이 모든 문제를 해결할 수 있는 만능열쇠임을 주장하는 건 아니다. 다만 지금까지 만났던 교사들에게 일어났던 일을 돌이켜 보면 자신 있게 권유할 만큼 굉장한 힘을 가졌고, 정말이지 효과적이었다. 내가 만났던 교사들은 무척 영리했다. 교사들 대부분이 그럴 것이다. 관점의 차이에 따라 무엇이 달라지는지 빠르게 이해하면서 문제 해결 속도가 빨라졌다. 골머리 썩게 만들던 일에서 점차 벗어났고, 문제에 직면하더라도 과거에 비해 효과적으로 해결했다. 교사상담 컨설테이션을 진행하면서 관점을 긍정적으로 전환하는 과정에서 많은 즐거운 일이 시작되었다. 교사들이 변화하도록 만드는 힘이 관점의 변화에서 나옴을 거듭 확인했기에 많은 이들에게 꼭 말하고 싶었다. 바라보기에 따라 '같은 일도 문제중심에서 벗어나 다르게 해석될 수 있고, 그럼으로써 다른 결과를 만들기도 한다는 것'을 말이다.

가끔 상상할 때가 있다. 어떤 담임교사가 '지독하게 문제중심적인 눈'을 가지고 있다면 어떨지. 학생이 하는 행동이나 태도, 의도를 매번 부정적으로 바라본다면, 교사 자신에게서 문제 되는 부분이 있다고 생각하지 못한다면, 그렇다면 그 선생님과 함께하는 학생들의 1년은 어떨까? 그런 일이 실제로 일어난다면 매일 만나는 교사와 학생 사이, 학생들 간에는 어떤 일이 벌어질까? 나는 생각만으로도 식은땀이 난다. 제 학생이 잘못된 길로 가기를 바라는 교사는 없을 것이다. 하지만 이쯤에서 한 번쯤은 생각해 볼 필요가 있다. 학생의 문제를 고치겠다면서, 학생이 문제를 일으킬 때를 콕 집어내 지적하고 설득하고 가르치는 방식이 교사가 들인 품만큼 과연 학생들에게 효과가 있었는지 말이다.

나는 어린 학생들을 만나는 교사일수록 학생에게 더 중대한 영향을 미친다고 생각한다. 그런 만큼 교사들이 세상을 바라보는 자신의 시각이 엄중하다는 것을 인식하고, 보다 긍정적인 눈을 가진 해결지향적인 교사가 되었으면 하는 마음으로 이 책을 썼다. 교사로서 사는 시간이 괴로움과 힘겨움으로 인내하는 나날이 아니라, 내 삶에 찾아온 손님을 환대하고 즐기며 다양한 맛이 담긴 사탕 꾸러미를 받아든 아이 같은 들뜸을 선사했으면 하는 바람으로 말이다. 그래서 삶을 환영하며 자신과 가족을 돌보고, 학부모와 동료들과 살아가며, 학생들에게는 놀라운 변화를 가능케 하는 존재로, 어제보다 온기 넘치는 학교에서 살아가도록 도울 수 있다면 좋겠다. 이 책을 읽으며 그대가 고개를 끄덕인다면 무척 행복할 것 같다. 학교에 있는 동안 내가 아는 작은 것이라도 동료들과 나누었어야 했으나 그러지 못해 후회하며 이 책을 썼으니, 나의 동료들이 이 책과 함께 부디 오래오래 멋진 모습으로 살다가 학교와 '안녕' 하면 좋겠다.

이 책은 교사 역할의 중요성과 관점, 특히 긍정적 관점, 강점과 해결된 상황에 먼저 초점을 맞추는 해결중심접근의 효과성을 강조하며 '교사의 관점 전환'을 제안한다. 이를 위해 1장에서는 학교에서 학생과 교사가 살아가는 모습을 살펴보고, 학교의 희망으로서 교사의 중요성에 대해 말했다. 2장에서는 여러 사례를 중심으로 교사가 세상을 바라보는 관점과, 그에 따른 말이 얼마나 힘이 센지, 그리고 교사의 긍정적·부정적 인식에 따라 학생이나 사건이 얼마나 다르게 해석되는지를 다뤘다. 3장에서는 학생의 건강한 성장과 발달을 돕기 위해 문제중심적인 시각에서 강점관점 해결중심적인 시각으로 전환할 것을 제안했으며, 마지막 4장에서는 학생이 성장하는 배경으로서의 가정에 대한 이해를 돕고자 했으며 교사와 학부모가 어떻게 협력해야 하는지를 다뤘다.

나는 새내기 교사들이 이 책을 읽으면 좋겠다. 어제보다 더 나아지고 더 아름다워지고자 하는 교사들 또한 이 책과 만나기를 바란다. 학생들을 가르치는 모든 선생님, 즉, 학교 밖 다채로운 공간에서 학생을 만나는 수많은 교사들도 나의 동료라 여기며 썼으니 이 책에서 유용한 내용을 얻는다면 영광스럽겠다. 마지막으로 지난날 나를 찾아와 어려움을 토로하던 젊은 교사들처럼 자녀 양육으로 고민하는 이들에게 이 책이 도움이 되기를 기대한다.

이 책에 등장하는 인물들의 이름은 모두 가명임을 밝힙니다.

Chapter

I

안녕, 선생님?

01 그대와 나의 오늘

　　인쇄업체에 제본할 논문 파일을 맡기고 돌아와 휴대폰을 들었다.
메신저 창에서 익숙한 이름들을 찾아 드디어 논문을 마무리했
다는 소식을 차례로 전했다. 온갖 이모티콘으로 무장한 내 메시
지는 대화창에서 덩실덩실 춤을 췄다. 적어도 그들이라면 내 호
들갑에 기뻐하리라 믿으면서. 2020년 1월 29일, 나는 막 학교 부
적응 학생을 대상으로 심리운동을 활용한 가족상담 모델 개발에
관한 논문을 끝낸 터였다.

　　한바탕 문자가 오고 간 뒤 고개를 들었다. 오랫동안 아지트 삼
아 논문을 썼던 한국심리운동연구소의 내 자리에 앉으니 그제야
창밖 풍경이 조금씩 눈에 들어왔다. 창문 정면으로 보이는 키 큰
소나무는 싱그럽고, 줄지어 선 벚나무들이 찬란한 봄을 예고하
는 듯했다. 몇 년간 보던 풍경이었지만 유독 정다웠고 늘 그 자리

에 있던 풍광이 그제야 내게로 천천히 걸어왔다. 전념하겠노라 마음먹었던 목표를 위해 내가 할 수 있는 일은 다 했다고 생각하니 후련하기도 하고 온몸에 힘이 풀렸다. 행여나 제본 작업에 문제가 생기진 않을까 일말의 염려가 없지 않았지만 그래도 속으로 '야호!'를 외쳤다. 논문에 마침표를 찍고 나니, 집에서 세 시간도 더 걸리는 대학을 기차와 택시를 수없이 번갈아 타며 다닌 시간이 하나둘 떠올랐다. 학교를 옮겨가며 13년 만에 받는 박사학위, 오랫동안 나를 묶고 있던 시간으로부터 마침내 풀려났다.

눈발이 몰아치는 저녁, 집 근처 식당으로 나갔다. 논문 완성을 축하한다면서 밥을 사겠다는 옛 동료들을 만났다. 매서운 겨울바람을 헤치며 멀리서 분당까지 나를 보러 온 고마운 분들, 퇴직 전에 같은 학교에 근무하고 지금도 학교 밖 나에게 학교 소식을 전해 주는 선생님들이었다. 한동안 너무 힘들어 학위를 그만두겠다고 마음먹었을 때, 어떻게 알았는지 시작한 공부는 끝내라고 격려해 준 교장 선생님도 오셨다. 내가 골치 아픈 숫자로 씨름할 때마다 구원병처럼 슬그머니 등장해 문제를 해결해 준 감사한 선생님도 함께였다.

"교장 선생님, 잘 지내셨어요?"

"아이고 우리 이 박사님, 축하합니다."

"축하드려요 선생님, 정말 대단하신 것 같아요."

"죽는 줄 알았어, 이 나이에!"

"대단해. 아무나 못 해, 더구나 그 나이에."

"그럼요."

"시작했으니 끝을 낸 것뿐이에요. 희망차게 시작했다가 쉽게 포기하는 모습을 우리 애들한테 보이기 싫어서요. 그런데 논문 제출을 앞둔 며칠은 진짜 힘들었어요."

"그러니 대단한 거지."

"글쎄요, 솔직히 아직 얼떨떨해요. 그래도 이젠 속이 후련해요."

"잘했어, 아주."

"감사합니다, 이렇게 추운 날 멀리까지 와 주시고."

두툼한 삼겹살이 갈색으로 익고 뚝배기 차돌 된장찌개에 흰 밥이 차려지는 동안, 오랜만에 만난 우리는 축하 자리답게 서로의 안부를 묻기 바빴다. 넘치는 칭찬도 받았다. 그리고 잠시 후 이야기는 자연스레 우리의 가장 큰 공통분모인 '학교'라는 주제로 이어졌다. 지금이나 몇 년 전이나 교직에 있는 친구들, 동료들, 선후배들이 하는 이야기는 대체로 비슷하다. 학생들 사이에서 학교폭력 문제로 벌어지는 일련의 상황, 교사와 학부모와의 불편한 관계, 크고 작은 문제를 가진 학생들, 교사들 간의 소모적 갈등 등. 특히 요즘은 학생들의 다툼이 학부모들의 보이지 않는 자존심 싸움과 실력 행사의 장이 되면서 사건이 커지고 법적 대응을 불사하는 경우도 생겼다. 드물긴 하지만 담임교사를 상대로 학부모가 소송을 제기하는 일도 있다. 오늘도 학생들이 관계를 회복하고 다툼이 재발하지 않게 도와주는 일보다 '고소'와 '고발' 같은 단어가 우리 이야기 테이블에 등장했다.

그런 이야기는 교직을 떠난 내게도 전혀 낯설지 않은 주제였다. 나는 종종 여러 초등학교의 의뢰로 초등 교사들의 상담능력을 향상시키기 위한 '교사상담 컨설테이션consultation'을 진행하곤 한다. 그런데 여기에 참가하는 교사들이 호소하는 사례를 들어보면 대다수가 학습지도보다 학생들이나 학부모들과의 관계에서 오는 어려움이 더 크다고 말한다. 학교 부적응 학생의 가족상담을 위해 방문했던 초등학교, 여러 지역에서 진행된 상담연수 과정에서 만났던 교사들에게서도 같은 한숨과 절망을 보았다. '선생인 내가 무얼 할 수 있겠는가?'라는 식의 자조 섞인 그들의 농담이 때론 위태로워 보였다. 교사들이 학생을 가르치면서 학부모와 서로 신뢰하지 못한 채 교육 활동을 하는 것은 참으로 어렵고 불행한 일이다. 지금 이 순간에도 학교 환경은 보이지 않게 바뀌고 있을 터이니 앞으론 더 강력한 복병이 등장할지 모른다.

학교에 관해 좋지 않은 소식이 들려올 때마다 마음이 무겁다. 때론 참담한 기분도 든다. 학교를 떠났지만 동료들의 깊은 고민과 어려움을 상상하는 건 그리 어려운 일이 아니다. 오랫동안 선생님이었던 나에게 학교는 뭔가에 베인 손의 상처처럼 잘못될까봐 걱정스럽고 안절부절못하게 만드는 곳이다. 그래서일까. 내 마음 한편에는 학교와 교사, 그리고 학생과 학부모를 위해 작은 도움이라도 되면 좋겠다는 바람이 뭉근하게 자리 잡고 있다.

동료 선생님들과 꽤 긴 저녁 식사를 마친 후, 칼끝이 스치는 듯

한 바람 속을 걸으면서도 복잡한 마음은 좀처럼 가라앉지 않았다. 집으로 돌아가는 선생님들을 잠시 돌아보았다. 조금 전까지도 동료들의 토로를 들으며 안타까웠지만, 휘적휘적 걷는 그들의 뒷모습을 보노라니 각자의 이유와 의지로 현실을 직시하며 물러서지 않는 모습이 의연해 보이고 존경스러웠다. 내가 떠난 학교, 그곳에는 나의 또 다른 동료들과 친구들, 그리고 선배와 후배들이 살아가고 있었다. 흔들리면서도 각자의 자리에서 고군분투하는 교사들이 있다는 생각을 하니 가슴 깊은 곳에서 뜨거운 무엇이 올라왔다. 슬며시 고개를 숙이고 방향 없이 휘몰아치는 눈발을 피해 걷는 내내 코끝이 찡했다.

02 아이들이 사는 세상

나는 교사 상담과 연수를 위해 종종 초등학교를 찾는다.

한번은 학생 문제로 도움을 요청한 선생님이 있어 경기도의 한 학교를 방문했다. 학교에 들어서니 왠지 낯설다. 마치 2월 말 새 근무지로 발령을 받은 뒤, 짐을 정리하러 근무 중인 학교에 들어서는 느낌이다. 분명 얼마 전까지는 거리낄 것 없이 활보하던 내 공간이었는데, 근무지 이동 발표를 받고 학교를 가면, '이 사람은 더 이상 우리 학교 소속 아님'이라고 적힌 말풍선이 나를 따라다니는 듯했다. 그리고 왠지 더 이상은 오지 말아야 할 곳에 온 듯한 기분이 들곤 했다. 새 주인이 와 있을지도 모른다는 것을 알면서 내가 살던 집으로 이삿짐을 꾸리러 들어가는 기분이랄까. 조금은 어색한 기분으로 천천히 계단을 오르자니 나도 모르게 학교 이곳저곳에 눈이 갔다.

모든 게 변화무쌍한 세상이지만, 학교에서는 바뀌는 것들이 쉬이 눈에 들어오지 않는다. 그만큼 잘 변하지 않는다는 말이다. 대부분의 학교는 외관이 판에 찍은 것 같다거나 수용 시설과 크게 다르지 않다고 비판받기도 한다. 물론 과거에 비해 요즘 학교는 시설이 좋아지고 편리한 환경으로 바뀌고 있다. 학교마다 독특하고 개성 있는 정책을 펼치거나 학생들의 안전을 염두에 두는 모습은 과거와 달라진 모습이기도 하다. 그러나 많은 건축 전문가와 사회운동가들이 말하는 것처럼 여러 노력에도 불구하고 학교는 변화하는 세상의 흐름에 같은 속도로 발맞추고 있지는 못한 것 같다. 나 또한 학교의 일부였을 때는 미처 그런 생각을 할 여유가 없었지만 한 걸음 떨어져 있다 보니 학교 안에서 벌어지는 일들이 예전과는 다르게 보이기도 한다.

근래 학생들에게 일어나는 일을 보면 예전과 달라진 시대적 환경에서 비롯되는 일이 많다는 생각이 든다. 그래서 가끔은 우려스럽고 답답하다. 여러 조사들은 우울하고 무기력한 학생들, 주의가 산만하고 과잉행동을 하고 분노와 공격적인 행동을 하는 학생들이 증가하는 추세임을 보여 준다. 폭력과 따돌림, 게임 중독 및 자살 시도처럼 학생들이 보이는 학교 부적응 행동은 이제 그리 낯설지 않은 이슈가 되었다. 서툰 대인 관계, 다양한 부적응 행동도 문제지만 학생들 간의 폭력 행사는 학교폭력을 담당하는 인력을 배정해야 할 정도로 수시로 일어나고 있다. 친구를 이용해 금품을 갈취하거나, 친구들을 집단적으로 괴롭히면서 이익을 취하는 등 '과연 학생들이 한 행동이 맞나?' 의문을 품게 만드는 끔찍한 비행을 서슴지 않고 저지르는 학생들도 생겼다. 어른들의 상상을 넘어선 학생들의 잔인한 모습은 뉴스의 기사로 다루어지는 수준이 되었다.

2019년 교육부가 실시한 '제2차 학교폭력 실태조사 표본조사'를 보면 학교폭력 피해는 초등학생 2.1%, 중학생 0.8%, 고등학생 0.3%로 나타났다. 예상 밖일 수도 있겠지만 학교폭력 피해를 당한 비율은 초등학생이 가장 많다. 학생들이 저지르는 학교폭력의 유형을 발생 빈도순으로 보면, 언어폭력 39%, 집단 따돌림 19.5%, 스토킹 10.6%, 사이버 괴롭힘 8.2%, 신체 폭행 7.7% 순이었다. 그런데 교육부의 같은 조사 보고서에서 가해 학생들의 학교폭력 이유를 정리한 결과를 보면 더욱 충격적이다. 학교폭력 가해 학생은 '장난으로', '마음에 안 들어서' 친구들에게 폭력을 행사하는 경우가 33.2%로 가장 많았다. 학교 폭력이 왜 발생하는지 그 원인을 묻는 인식 조사에서 일반 학생들도 '단순 장난(29.4%)'이나 '특별한 이유 없이(19.2%)' 폭력 사건이 일어난다고 응답한 경우가 많았다. 놀랍게도 이 조사의 내용대로라면 학생들은 별다른 이유 없이, 장난삼아 특정 친구를 겨냥해 갖은 폭력을 가하고 있다.

교육부에서 실시하는 학교폭력 실태조사는 1학기에는 전수조사, 2학기에는 표본조사를 진행한다. 2020년에는 코로나19로 인한 팬데믹의 영향으로 한 번의 전수조사만 실시했는데, 교육부가 발표한 '2020년 학교폭력 실태조사'에 따르면 학교폭력 피해 응답률은 0.9%로 2019년 1차 조사에 비해 0.7% 포인트 감소했다. 그러나 학생들 사이에서 발생하는 사이버 폭력의 비율은 크게 늘어 전체 학교폭력 피해 유형 중 12.3%로 나타났는데, 이는 2019년 조사 결과에 비추어 보면 3.4% 포인트나 증가한 수치다. 한편 방송통신위원회 및 한국지능정보사회진흥원에서도 '사이버폭력 실태조사'를 한다. 이곳에서 실시한 '2020년도 사이버폭력 실태조사' 결과를 보면 사이버폭력 피해 경험이 있는 학생은 19.7%였다. 앞서 교육부에서 같은 해에 실시한 조사 결과보다 훨씬 높은 수치다. 대면수업 대신 원격수업을 진행하면서 온라인상의 학교폭력 피해가 더욱 만연해지고 있는 모습이다.

사이버 폭력은 물리적 폭력만큼 위험하다. 아니 훨씬 더 끔찍할 수 있다. 공간의 제약 없이 누구나 쉽게 피해자가 될 수 있고, 설사 피해 학생이 전학을 가더라도 SNS 등으로 가해자들은 피해 학생에게 지속적으로 가해 행동을 할 수 있다. 이런 경우 사이버 폭력의 피해 당사자는 장기간 끔찍한 고통에 시달리게 된다. 더구나 한번 올린 자료는 웹상에서 완전히 삭제하는 것이 쉽지 않다는 사실이 이들을 더욱 괴롭힌다. 사이버 폭력 가해 행위는 매우 다양하고 죄질도 나쁘다. 피해 학생을 모호하게 특정한 채 비방하는 글과 영상을 SNS에 올리는 행동, 단체로 대화방에서 욕설을 퍼붓거나 피해 학생을 대화방에 초대한 뒤 한꺼번에 퇴장해

버리는 행위, 그리고 피해자가 대화방을 나가도 다시 초대해서 괴롭히거나 나체 사진과 피해 학생의 얼굴을 합성해서 유포하는 수법 등 또래 학생들이 저지르는 것이라고 믿기 힘들 정도다.

전문가들은 학교폭력 피해자들이 '외상 후 스트레스 장애'를 겪거나, 대인기피증이나 공황장애, 우울증, 심하면 피해망상까지 겪을 수 있다고 경고한다. 학교폭력 피해를 당한 경험은 대부분 쉽게 사라지지 않는다. 피해 학생이 상급 학교와 학년으로 올라가고, 성인이 되더라도 깊은 손상을 남긴다. 평생을 그 기억과 싸우며 괴로워하는 이들도 적지 않다. 일부 연구는 학교폭력 피해자 중 약 12%가 자살을 시도한다는 우려스러운 결과도 제시한다. 안타깝게도 실제로 자살로 생을 마감한 학생들 소식이 언론을 통해 전해지면서 우리를 충격과 깊은 슬픔에 빠트린다. 2019년 61회 막사이사이상을 수상한 김종기 푸른나무재단 명예이사장이 잘나가던 회사를 그만두고 '청소년폭력예방재단(현 푸른나무재단)'을 만들고, 2004년 '학교폭력 예방 및 대책에 관한 법률'의 제정을 이끌어 낸 것도 학교폭력으로 시달리던 아들이 자살로 숨을 거둔 것이 동기가 되었다.

학생들을 보호하려는 많은 노력과 교육정책에도 불구하고 혼란스런 세상에서 살아가는 학생들은 지금도 다양한 위험에 노출되어 있다. 최근에도 한 학생이 학교폭력에 시달리다 스스로 목숨을 던졌다는 뉴스를 접했다. 같은 학생끼리 상습적으로 폭행하고 끊임없이 괴롭혀, 차라리 살기보다 죽는 게 낫겠다는 절망으로 몰고 가는 가해자들, 이런 소식을 들을 때면 정말 머리가 하얘지는 느낌이다. 사정이 이렇다 보니 학교폭력을 현재보다 엄하게 다뤄야 한다고 주장하는 목소리가 여기저기에서 강하게 터져 나오고 있다.

학교폭력이 늘어난 데는 어른들의 책임이 적지 않다. 그렇지만 무엇보다 우려스러운 점은 가해자의 폭력 유형이 갈수록 교묘해지고 있다는 것이다. 학교폭력 피해 및 가해 경험과 목격 연령대에서 초등학생이 차지하는 비율이 점점 높아지고 있다는 점 또한 우려스럽다. 학생들은 교실을 떠나도 그들 나름의 네트워크에 연결되어 있다. 어른들은 잘 모르지만, 그 안에는 거기에서 작동되는 방식이 있고 그 세계에서 그들의 주요한 관계가 이뤄진다. 교사나 부모의 눈에 보이는 학생들의 모습이 전부가 아니라는 말이다. 오히려 학생들이 만든 세상에서는 선생님과 부모의 존재는 미미하고, 여기서 벌어지는 일은 꽤 오랜 시간이 지나서야 어른들이 알게 되는 경우가 태반이다. 그런 어른들에는 20년 넘게 교사이자 상담 전문가로 활동한 나 역시 포함된다. 이 점을 나는 아픈 경험을 통해 알게 되었다. 며칠 전, 이제는 훌쩍 커서 20대 후반이 된 딸이 학교에 대한 이야기를 하던 중에 이렇게 말했다.

"뉴스에 나오는 요즘 아이들을 보면, 학교 모습이 충격적인 것 같아. 우리 때도 심각하긴 했는데, 지금 학교는 그때보다 더해 보여. 나는 학교 다닐 때를 상상도 하기 싫어. 가끔 한국에서 결혼해 살더라도 아이들을 낳지 않겠다고 말하는 사람들이 있거든? 그런데 이런 뉴스를 자꾸 보니까, 그 사람들이 했던 말이 생각나."

딸은 화가 난 듯했다. 최근 들어 신종 학교폭력 범죄가 사회관계망서비스SNS 등을 통해 급속히 퍼지고 있다는 뉴스를 들은 모양이었다. 나도 그렇지 않아도 친구들의 얼굴을 합성해 성 착취물 영상을 만들어 공유하는 행위 등이 학생들 사이에서 버젓이 퍼져 나간다는 언론 보도를 접하고 한숨을 쉬던 참이었다. 딸은 괴롭힘을 당하는 아이의 심정에 감정이입이 되는지 힘들어했다. 딸의 이런 모습에는 그만한 이유가 있었다. 몇 년 전, 나는 뒤늦게서야 딸아이도 초등학교부터 중학교를 거치는 동안 친구들에게서 따돌림을 당한 적이 있다는 걸 알게 되었다. 딸아이는 이 사실을 대학생이 되어서야 내게 털어놓았다. 엄마가 놀랄까 봐 애써 별일 아닌 듯 말하긴 했지만 그때의 사건을 이야기하는 딸의 목소리가 떨렸던 것을 기억한다. 초등학교 4학년 때 교육청 동시 암송 대회에서 상을 받은 기념으로 교내 방송에서 동시를 암송한 적이 있는데, 그 방송 이후 같은 반 친구들이 자신을 따돌리기 시작했다고 했다. 중학교 때는 교복 치마를 줄이지 않고 건전하게 교복을 입고 다녔는데, 이 모습을 본 학급의 남학생들이 딸아이를 1년 넘게 못살게 괴롭혔다고 했다.

다행히 딸은 그 사실을 알게 된 중학교 2학년 담임선생님이 이를 묵과하지 않고 딸을 괴롭힌 친구들을 찾아내어 사과하게 했고, 딸을 보호해 준 덕에 그나마 숨 쉴 수 있었다고 한다. 그래서 지금도 중학교 2학년 선생님을 제일 존경하고 고마워한다. 눈물을 참으며 내가 상상하지도 못했던 끔찍한 기억을 말하는 딸을 보며 참담한 심정이었다. 부모에게는 말 한마디 하지 않고, 혼자 겪었을 걸 생각하니 가슴이 미어졌다. 이런 내가 무슨 자격으로 다른 아이들을 가르치겠다고 학교에 있었던가 하는 자괴감이 들었다. 다행스럽게도 딸아이는 아픈 기억을 오히려 성취동기로 삼은 것처럼, 또 그때의 상처를 지우기라도 하려는 듯 맹렬하게 공부에 매진하고 다양한 경험을 쌓았다. 그래서인지 지금은 자기가 원하는 꿈을 향해 씩씩하게 걸어가고 있다. 코로나 펜데믹으로 인해 집에서 딸이 일하는 걸 보게 되었는데 즐겁게 열중하는 그 모습에서 빛이 난다.

이러저리 뻗어 나간 생각이 갈무리될 즈음 약속한 선생님과 만날 시간이 되었다. 반갑게 인사하는 선생님은 언제 보아도 활기차고 웃는 얼굴이다. 바쁜 일과 중간에 쉬는 시간 10분은 필요한 이야기를 나누기에 충분하지 않다. 한 시간 후 수업을 마칠 때까지 기다리기로 했다. 같이 퇴근하며 이 학교에서 학교 부적응 학생들을 지원할 프로그램을 기획할 요량이었다. 창밖 운동장이 시끌시끌하다. 이리저리 움직이는 아이들을 따라가자니 마음 여기저기에 묻혀 있던 내 모습이 하나둘 뛰어나온다. 물끄러미 운동장을 바라보고 있자니 운동복을 갈아입고, 모자와 호루라기를 걸치고 학생들이 내려간 복도를 달려 운동장으로 뛰어가는 내가 보인다. 학교를 생각하면 즐거웠던 일들과 함께 슬픈 기억도 한데 얽혀 떠오른다.

03 선생님들의 세계

"아무리 선생님이 학생들을 잘 가르쳐도 소용없어요, 사고가 나면 모든 게 물거품입니다."

재직하는 동안 수없이 들은 말이다. 조금 과장해서 말하면 일주일에 한 번씩 열리는 교무회의의 안건에 안전사고가 오르지 않은 적은 거의 없었다. 그리고 보면 나를 비롯해 거의 모든 선생님은 교사로 사는 내내 학급에서 불미스러운 일이 발생하지 않도록 조심하라는 주의를 들었다고 해도 과언이 아닐 것이다.

학생에게 절대로 사건이나 사고가 일어나면 안 된다는 강력한 이 메시지는 지금도 학교에서 큰 위력을 발휘할 것이다. 이런 분위기에서 교사들은 열의를 가지고 학생들에게 유익한 교육적 활동을 시도하기보다 그저 별 탈 없이 하루를 보내길 바라며 학생들을 집으로 돌려보낸 후 안도하기 쉽다. 어떻게 하면 학생들의 바른 성장을 도울 수 있을까 고민하기보다는 아무런 사고가 나지 않았으니 좋은 하루를 보냈다고 합리화하기도 점점 어렵지 않게 될 수 있다.

교사들 중에는 학생들이 활동과 경험을 할 수 있도록 다양한 교육적인 의미를 담은 행사를 디자인하는 이들이 있다. 학생들은 흥미로운 교육이 계획되어 있으면 기대와 흥분으로 들뜬다. 이런 활동이 혹시라도 무산되지는 않을까 싶어서 그런지 평소보다 선생님의 말에 훨씬 더 집중한다. 그 정도로 기대하고 고대한다는 의미일 것이다.

그러나 이런 활동을 진행하다 보면 분명 철저하게 교육하고 주의를 주었음에도 교사의 의도나 계획과 달리 한두 학생이 손을 베거나 불에 데는 등의 작은 사고가 일어날 수 있다. 이런 사고가 나면 즐겁던 교실이 심각해진다. 학생의 사고는 사고대로 안타깝고, 학생들을 위해 마련한 활동은 교사의 욕심이 불러온 불필요했던 참사가 되어 버린다. 그리고 교사는 관리자에게 불려가 질책을 받기 일쑤다. "누가 그런 행사를 하라고 했느냐?" 같은 말을 듣는 것이 거의 정해진 수순일 것이다. 때에 따라서는 이런 일이 한 학급에서 일어나면 같은 학년 전체가 도매금으로 넘어가는 경우도 생긴다. 그래서 이런 활동을 시작했던 교사는 마치 죄인 같은 처지가 되곤 한다.

이런 일이 몇 번 반복되면 십중팔구 교사들은 학생을 위해 새로운 시도 앞에서 망설일 수밖에 없다. 그리고 학생들에게 도움이 되는 창의적인 활동을 찾아서 실천하는 교사보다 정해진 교육과정에 준하는 활동만 하는 교사가 자연스러워진다. 지금의 학교 환경은 어떤지, 내가 재직하던 시절 다른 선생님들은 어땠는지 모르겠지만, 나는 학생들이 행복해할 만한 활동이라도 할라치면, 마음을 단단히 먹었어야 했다. 만에 하나 불편한 일이 발생할지도 모를 이 모든 여건을 무릅쓰고 꼭 해야 하는 이유가 있는지 자문자답했던 기억이 선명하다.

학교를 떠난 지 약 8년이 넘은 지금은, 교육활동 중에 학생에게 일어나는 다양한 사건과 사고에 대해 교사가 무한책임을 지는 이런 교육 풍토에 긍정적인 변화가 생겼다고 믿고 싶지만, 뉴스를 통해 접하는 학교를 보노라면 학생과 관련한 사고에 대해서는 교사가 여전히 많은 손실을 감내해야 한다는 생각이 든다. 다음과 같은 일이 이슈가 된 적이 있다. 2017년 7월 한 학교의 현장 체험학습 중에 B학생은 장난감 화살 위쪽 고무 패킹을 떼고 화살 끝 부분을 뾰족하게 깎은 뒤, 친구 A를 향해 쏴서 결국은 A가 실명하도록 만들었다. 피해자 A 학생의 아버지는 가해 학생 B의 부모와 담임교사, 그리고 해당 지역의 교육청을 상대로 손해배상 소송을 청구했다. 이 사건에 대해 1심 법원은 가해 학생의 부모와 교육청이 공동으로 2억 3200만원을 배상하라고 판결했다. 1심 법원은 담임교사가 보호·감독 의무를 제대로 수행하지 않은 과실은 인정되지만 '고의에 가까운 현저한 주의를 결여한 상태, 즉 중과실에 이른 것으로 볼 수 없다'며 담임교사에게 배상의 책임을 물을 수 없다고 판단했다.

이 사고는 여기서 마무리되지 않고 담임교사의 중과실 또는 과실 책임을 다투는 민사소송으로 이어졌다. 믿기 어려울지 모르지만 학교에서 발생하는 사고 중에 피해 학생 보호자와 지도교사 간 험난한 법정 투쟁으로 전개되는 경우가 드물지 않다. 이 사건은 오랫동안 법적 다툼을 벌이다가 2020년에 마무리되었는데, 법원은 담임교사에게 배상의 책임을 물을 수 없다고 결론 내렸다. 그러나 그때까지 피해 학생의 담임교사는 오랫동안 법적 다툼에 시달렸어야 했다.

이 사건으로 인한 경과를 보면 교사의 입장을 생각해 보게 된다. 교육활동 중 한쪽 눈을 실명한 학생과 보호자가 치료비와 장해에 대한 보상을 요구하는 건 당연한 권리다. 이를 위해 학교안전사고보상법에 근거한 학교안전공제회가 있다. 또한 보호자와 교사 사이에 험난한 법정 다툼이 전개되지 않도록 관리자와 당국은 중재에 적극적으로 임해야 한다. 그럼에도 피해 학생의 부모와 학생의 학교 보호자였던 담임교사가 소송을 벌이는 모습을 보면, 이를 지켜보던 교사들이 쓴 웃음을 짓는 이유도 이해가 간다.

정도의 차이는 있겠지만 이 사례와 닮은 일은 언제 어느 학교에서든 일어날 수 있다. 교육활동 중에 사고가 나기를 바라는 교사는 없을 것이다. 하지만 사고에 대비하기 위해 안전 교육을 꼼꼼하게 실시했을 것임에도 불구하고 그런 일이 일어날 때가 있다.

앞서 언급한 사고를 통해 유추할 수 있듯이 어떤 사건의 발생에는 다양한 원인이 작용한다. 하지만 학교에서 안 좋은 일이 일어나면 그 어떤 이유보다도 일차적인 책임을 교사에게 묻는 게 일반적이다. 학교에서 사건이 발생하더라도 거기에는 교사와 학교의 요인뿐 아니라 관련된 학생의 상황 또한 영향을 미쳤을 수 있다. 당시의 학교 여건이 그 일이 발생하도록 조장했을 수 있지만, 그렇다고 해서 다른 요인의 영향을 배제할 수는 없다. 그럼에도 교사에게만 사고의 책임을 묻는 식의 단편적 접근으로는 잘해야 임시 땜질이고 근원적 해결은 요원하다. 심각한 사건에 직면해 혼자 싸워야 하는 교사의 입장을 보며 가끔 동료들은 말한다. "우리가 하는 일은 학생들을 종일 안전하게 데리고 있다가 밥 먹이고 별 탈 없이 집으로 보내는 것 같아요."라고. 아마 그런 학교와 교육을 원하는 사람은 없을 것이다.

학생과 관련한 사건이 발생하면 학교와 교사는 책임에서 자유로울 수 없다. 자유로워서도 안 된다. 학교에서 발생한 문제는 빠르게 학교 울타리 밖으로 퍼져 나가고, 어떤 사건은 전 국민의 관심사가 되어 저녁 식탁에 오르내리기도 한다. 학교가 마련한 대책이 사회가 인정할 만한 수준에 미치지 못할 경우, 학교를 향한 사회의 질책은 더 혹독하다. 학생이 사고를 당했는데도 나 몰라라 발뺌하는 학교와 교사를 우리 사회는 더 이상 용인하지 않는다. 그러니 오히려 이런 때야말로 학생 사고에 대한 책임의 범위와 모호성 그리고 과도함이 가져오는 부작용은 없는지 한번 되짚어 볼 필요가 있다고 본다. '학생 사고가 일어나면 모두 내 책임'이라는 과도한 압박으로 인해 교사들의 적극적인 교육 활동이 위축되는 면은 없는지 진지하게 생각해 보아야 할 때라는 생각이 든다.

사람은 자신의 힘으로 어찌할 수 없는 환경에 지속적으로 노출될 때 무기력을 학습하게 된다. 그 결과 나아질 수 있다는 기대가 사라지고 시도조차 포기하게 된다. 이른바 '학습된 무기력'으로, 누구나 한 번쯤 들어 봤을 법한 교육 용어다. 교사들도 학습된 무기력으로부터 자유롭지 않다. 솔직히 말하면 교육과 상담 전문가로서 나는 교사들이 점점 무기력해지고 스스로를 믿지 못하게 되는 건 아닐까 염려스럽다.

2018년 경제협력개발기구OECD가 실시한 '교수학습 관련 국제비교조사Teaching and Learning International Survey: TALIS'를 보면 우리나라 교사들의 상황을 가늠해 볼 수 있다. 이 조사에서 우리 교사들의 자기 효능감은 대부분의 영역에서 OECD 평균보다 낮다. 직무 만족도 역시 다른 국가들의 교사에 비해 높지 않다. 그중에서도 학교 만족도가 특히 낮다. '가능하다면 나는 다른 학교로 전근을 가고 싶다'와 같은 부정적 진술에 대해 동의한 국내 교사 비율은 35%로 OECD 평균 20%보다 훨씬 높다. 더욱 염려스러운 점은 5년 초과 경력의 교사(33%)보다 교사의 길에 들어선 지 5년 이하 경력의 교사(43%)들이 부정적 진술에 더 높은 동의 수준을 보였다는 것이다. 조사 결과가 보여 주는 것처럼 많은 교사들이 교사로서의 효능감이 저하된 채로 만족하지 못하고 학교에서 살아가고 있는 모습은 우리 바람과는 다른 현실이 아닐 수 없다.

오해하지 말기 바란다. 학교와 교사의 문제가 없다고 말하려는 게 아니다. 다만 학교라는 특정 장소에서 빚어지는 일이라 해서 그 일의 발생 원인이 오직 학교와 교사에게만 한정되어 있지는 않다는 점을 강조하고 싶을 뿐이며, 또한 그런 생각이 환기되기를 바라는 것이다. 교육활동 중에 일어나는 학생을 둘러싼 가정과 학교, 지역사회의 환경적 요인이 학교에서 벌어지는 일들에 알게 모르게 영향을 끼치므로, 다양한 변수를 전체적으로 살펴봐야 한다는 의미다. 어떤 학생이 보이는 문제가 심각하다면, 여기에는 이 학생을 둘러싼 학교와 가정 그리고 학생 자신의 요인이 복잡하게 얽힌 경우가 많다. 교실을 벗어나서 발생한 학생의 문제라도 주요 원인이 학교 환경일 수가 있고, 반대로 학교에서 발생한 문제라 하더라도 결정적 원인이 학교가 아닌 다른 데 있을 수 있다. 물론 교육활동 중에 일어나는 각종 사고들—예를 들어 운동장에서 달리다가 넘어지거나 교과서를 떨어뜨리거나 식판을 떨어뜨려 발등에 멍이 들고, 또 도화지나 조각칼에 손이 베이거나 알콜 램프에 불을 붙이다가 손끝을 데는—같은 경우는 교사의 사전 교육과 지도가 필요한 부분이다. 그러나 여기서 이야기하고자 하는 것은 그런 사고의 범주를 벗어난 학교폭력 사건이나 학생들의 갈등과 다툼 같은 여러 이유가 얽혀 있는 일들을 가리킨다. 학생을 책임지고 있는 교사라 하더라도 최악의 어떤 환경에서 결국 그 모든 사건 사고가 발생한 이유는 담임교사의 잘못이라고 판명이 난다면, 그 교사가 어떤 사람이든 학생들을 이끌고 맘껏 활동해야 할 환경에서도 한 걸음 뒤로 물러나고 움찔하게 되는 법이다.

학교와 교사가 학생들의 보호자로서 져야 할 책임을 지는 건 지극히 당연하다. 하지만 학교 이외에 학생의 다면적인 생활환경도 고려해야 하며, 같은 일이 반복되는 걸 방지하기 위해서는 종합적으로 보고 해결책을 찾아야 한다. 현재 이루어지는 학생 지원 방식을 점검하고 체계적으로 발전시켜 학생과 교사가 부드러운 마음으로 학교에서 살아갈 수 있는 시스템을 구축해 지원하는 것이 필요하다. 학교 현장에서 만나는 교사들의 목소리는 이 대목에서 아주 커진다. 그만큼 그들이 현재 지고 있는 짐이 버겁고 힘겹기 때문일 것이다. 우리 모두는 열린 마음으로 최선을 다하는 교사들이 많아지기 바란다. 학생들이 커 가는 동안 교사도 함께 성장하기를 또한 바란다.

학교의 희망은 어디에 있는가?

"가방 대신 휴대전화 충전기 하나 달랑 든 아이가 교문을 들어선다. 여자 화장실은 여학생들이 화장을 고치는 곳이 돼버렸고, 긴 머리의 남학생들은 거리낌 없이 주머니에 담배를 넣고 다닌다. 쉬는 시간에 학교 밖으로 도망간 아이를 잡으러 나서는 교사의 모습은 애처롭기까지 하다."

2010년 EBS에서 방영된 뒤 38회 한국방송대상 시상식에서 대상 수상을 시작으로 다큐멘터리 프로그램이 받을 수 있는 상이란 상은 죄다 휩쓴 EBS 교육대기획 〈학교란 무엇인가〉에 등장한 한 고등학교의 모습이다. 〈학교란 무엇인가〉라는 제목만 보면 이 다큐멘터리가 '학교'에 집중한 것 같지만 실제로는 학교를 포함한 우리 교육의 전반을 종합적으로 다뤘다. 이 점이 방영과 동시에 크게 주목받으며 학부모와 교사를 비롯한 교육 관계자들에게 엄

청난 반향을 일으킨 이유 중 하나다.

〈학교란 무엇인가〉 프로그램을 제작하기 위해 다큐멘터리 팀은 14개월 동안 국내외의 교육 현장을 밀착 취재하면서 많은 학생을 대상으로 심리 실험과 검증 과정을 거치고, 현직 교사들을 돕기 위해 여러 혁신적인 프로그램을 시도했다. 또한 초등학교에서 고등학교에 이르는 4,000여 명 학생들을 대상으로 다양한 영역을 포괄하는 대규모 설문 조사를 실시했으며, 그 결과를 바탕으로 우리나라 교육 현장의 고민을 보여 주었다. 또 우리가 바라는 '좋은 교육'의 모델로서 학습 공동체가 잘 실현되고 있는 대안학교를 찾아 교육 방식의 핵심을 조사했다.

10부로 구성된 이 프로그램은 학교 및 가정 교육에서 꼭 알아야 할 열 가지 주제를 통해 교사와 학생, 그리고 부모 등 학교에 발 딛고 있는 이들이 가야 할 교육 방향을 제시한다. 국내외 최고 교육 전문가들과 함께 우리가 그동안 놓치고 있었던 부모의 양육 방법이나 교육 방법이 과연 효과적인지 짚어 보고 더 나은 교육 방법을 제시하기도 했다. 예를 들면 부모가 양육하는 과정에서 흔히 권장되는 칭찬이 가진 역효과를 알아보고 올바른 칭찬 방법을 알려 주었다. 또 공부의 기본이 되는 책 '읽어 주기'의 놀라운 힘과 독서의 중요성을 설득력 있게 보여 주면서, 동시에 읽기가 아닌 '듣기'에서 시작하는 독서가 아이의 지능과 성적 향상, 관계 개선에 매우 효과적이라는 사실도 알려 준다.

제작진은 10부작이라는 방대한 프로그램을 진행하며 다른 무엇보다 '관계'를 가장 중요하게 강조했다. 왜일까? 교육을 구성하는 많은 요소들 중에서 왜 관계를 핵심으로 뽑았을까? 〈학교란 무엇인가〉의 제작을 주도한 정성욱 PD는 한 인터뷰에서 다음과 같이 말했다.

"학교는 더불어 사는 법을 배우는 곳이다. 학교는 사람들과 어떻게 관계를 맺고, 어떻게 협력하는지 배우는 곳이어야 한다. 공교육 무용론이 나오는 건 학교가 그런 역할을 못하고 있어서다. 프로그램을 준비하면서 석 달에 걸쳐 교사·아이·학부모는 물론 전직 교육부 장관, 전교조·교총 같은 교원 단체, 연간 몇십억 원씩 버는 유명 학원 강사까지 만났다. '학교가 뭐 하는 곳이냐'는 질문에 대한 답은 제각각이었는데 딱 한 가지는 일치했다. '학교가 뭘 할 수 있겠느냐'는 식의 비관론이었다."*

그렇다면 학교의 가장 큰 문제는 무엇일까? 다시 정성욱 PD의 말을 들어 보자.

"하루 평균 152명의 아이가 학교를 떠난다. 학교생활이 행복하지 않기 때문이다. 학교는 아이들을 위한 공간이다. 그런데 아이들이 절망하고 있다. 종이에 꿈을 써 보라고 했더니 '꿈 없음'이라고 쓴 아이도 많았다. 아이들에게 학교가 자신의 가능성을 구현해 내기 힘든 공간이 돼 가고 있다는 증거다. 아이들만 그런 게

---

* 김선하, 「정성욱 PD '선생님 왜 반말해요' 따지던 학생, 충격이었죠」, 「중앙일보」, 2011. 9. 24., https://www.joongang.co.kr/article/6263898 - 이하 정성욱 PD 인터뷰 인용은 모두 해당 기사문에서 발췌한 것이다.

아니다. 선생님도 학교가 즐겁지 않다. 아침마다 출근하기 싫다는 교사를 많이 만났다."

정성욱 PD뿐만 아니라 〈학교란 무엇인가〉에 등장하는 다양한 분야의 전문가들이 오늘날 학교의 가장 큰 문제로 행복하지 않은 학교생활을 꼽았다. 학교가 주무대인 아이와 교사의 일상이 행복하지 않은 것이 학교의 근본 문제라는 말이다. 행복하지 않은 학교생활은 '2019년 어린이·청소년 행복지수 국제비교 연구'를 봐도 알 수 있다. 연구 결과에 의하면 한국 어린이와 청소년이 경험하는 주관적 행복지수는 조사 대상 OECD 22개 국가 중 20위로 최하위 수준이다. 주관적 행복지수의 세부 항목을 보면 한국 학생들은 건강, 삶의 만족도, 준거집단에 대한 소속감, 주변 사람들과 상황에 적응하는 정도 등이 다른 국가들에 비해 모두 떨어진다. 특히 주관적 건강과 삶의 만족 지수는 OECD 국가 중 꼴찌를 기록하고 있다.

보건복지부에서 실시한 '2018년 아동종합실태조사' 보고서도 비슷한 현실을 보여 준다. 유아부터 청소년까지 우리나라 학생들의 삶의 만족도는 OECD 국가 중 최하위 수준으로 나타나는데, 같은 조사에 의하면 OECD 주요국 학생의 삶 만족도는 평균 7.6인 데 비해 한국 학생의 삶의 만족도는 6.6에 그친다. 여기에 더해 스트레스 40.4%, 우울감 경험률 27.1% 등 학생들의 정서장애 위험이 증가하고, 9~17세 청소년의 3.6%는 심각하게 자살을 고려한 경험이 있는 것으로도 나타나고 있다. 이를 보면 우리 아이들의 마음 건강은 실로 우려할 만한 수준이다.

앞서 살펴본 조사가 보여 주는 결론은 분명하다. 우리나라 학생들은 과거보다 물질적으로 풍족해졌지만, 적절한 휴식을 취하고 친구들과 놀며 사회성을 함양하고 다양한 활동 안에서 사회적 관계를 배울 수 있는 기회를 제대로 보장받지 못하고 있다. 사정이 이렇다 보니 〈학교란 무엇인가〉 제작팀과 다큐멘터리에 참가한 전문가들이 우리 학교는 '관계'가 무너졌다고 입을 모은 게 아닌가 싶다.

그렇다면 우리의 학교에서는 더 이상 희망을 찾을 수 없는 걸까? 커질 대로 커진 학교에 대한 비관론을 낙관론으로 바꿀 수 있는 방법은 진정 없는 걸까? 정성욱 PD와 다큐멘터리 팀은 현재 학교가 매우 어려운 상황인 건 맞지만 그럼에도 불구하고 빛나는 미래를 간직한 희망도 분명히 찾아낼 수 있었다고 강조한다. 〈학교란 무엇인가〉에서 발견한 가장 큰 희망은 무엇일까? 궁금하지 않은가? 바로 '교사'다. 선생님이 희망이라는 말이다. 정성욱 PD의 이야기를 직접 들어 보자.

"대부분의 학교는 아름다운 모습만 보여 주려고 했다. 여러 교장·교사에게 프로그램 제작 취지를 설명하면 대부분 공감하더라. 하지만 그 학교에서 촬영해도 되겠느냐고 하면 대번에 말이 달라졌다. (…) 알고 보니 그 학교 교장 선생님이 '그런 주제를 왜 우리 학교에서 찍느냐'고 못하게 했나 보더라. 나는 '있는 그대로의' 학교 모습을 용감하게 공개한 선생님들에게서 희망을 찾았다. 이

분들 중 몇몇은 방송이 나간 뒤 힘든 일을 겪기도 했다. 하지만 이들은 적어도 문제를 직시하고, 개선하려고 노력하는 분들이다. 이 프로그램이 세상에 나올 수 있었다는 것이 우리 학교 교육의 현실이 그렇게까지 암담하지는 않다는 증거다."

한마디로 선생님들이 희망이다. 선생님 한 명이 반 아이들 모두에 긍정적인 영향을 미칠 수 있다. 선생님과 학생의 관계가 무너지면 학교가 무너질 수밖에 없다. 〈학교란 무엇인가〉를 보면 '관계'의 중요성을 강조하는 내용이 여러 번 나오면서, 학교를 지키기 위한 선생님들의 노력이 다양한 모습으로 등장한다. 가령 학생을 기다려 주는 교장 선생님, 아이들에게 목표를 정해 주고 성취감을 느끼는 계기를 마련해 주고자 하는 선생님, 한 명도 꿈을 포기하지 않고 앞으로 나아갈 수 있도록 끊임없이 격려해 주는 선생님 등등. 이렇게 아이들을 위해 노력하는 교사들의 모습에 우리 학교가 나아가야 할 희망이 함축적으로 담겨 있다.

제작진은 프로그램을 진행하면서 몇 가지 독특한 실험을 진행했는데 그중 '우리 선생님이 달라졌어요'라는 프로젝트가 있다. 이 프로젝트는 더 나은 선생님이 되길 바라는 교사들의 신청을 받아서 그중 다섯 명을 선발해 그들의 실제 수업 장면을 찍은 뒤 교육 전문가들이 컨설팅을 진행했다. 6개월 넘게 진행한 프로젝트가 교사들에게 어떤 영향을 미쳤을까? 수업 기술을 향상시키는 특별한 방법이 있었을까?

결론부터 말하면 수업 기술을 향상시키는 비법은 없었다. '아이들과의 관계가 회복'되지 않으면 어떤 기술도 쓸모가 없다는 점이 프로젝트를 통해 드러났다. 교사로서 수업을 잘하기 위한 그 어떤 노력도 아이와의 관계 회복이 전제되지 않는 상황에서는 소용이 없었다. 이 말은 교사와 학생의 관계에 따라 교육의 질이 완전히 달라질 수 있다는 뜻이기도 하다. 정말이지 의미심장하지 않은가.

교사의 수업이 학생과의 '관계'와 밀접한 상관이 있다는 사실은 제작진이 발견한 바와 같이 매우 중요하다. 교사가 가진 것을 아이들과 제대로 나누기 위해서는, 그리고 엎드려 자는 아이들을 일으키고, 교사와 눈 맞추도록 하기 위해서는 무엇보다 관계에서 비롯되는 힘이 필요하다. 프로그램 제작진이 오랜 시간의 관찰 끝에 내린 결론을 나는 이렇게 정리한다.

> 현재 학교를 바라보는 시선은 '학교가 무엇을 할 수 있겠는가?'라는 식의 비관론이 팽배해 있다. 그럼에도 불구하고 우리 학교에는 희망이 있다. 그 희망은 바로 선생님이다. 선생님을 통한 희망의 핵심은 학생과 교사의 관계다. 심지어 수업 기술의 향상도 교사와 학생의 관계 개선이 전제될 때에라야 가능하다.

교사 연수 등에서 교사의 영향력이나 교사가 희망이라는 말, 학생과 맺는 관계의 중요성을 언급하면, 그들의 표정은 복잡해진다. 교사가 중요한 역할을 한다는 것을 알지만 그 말이 부담스럽다고 한다. 현재 지고 있는 짐도 너무 무겁다고 말한다. 이해하고도 남는다. 학교의 많은 문제를 교사들에게 기대면서 과중한 책임을 요구하는 학교에 빠른 개선이 필요하다고 한다. 무엇보다 학생의 문제 행동이 교사가 다룰 수 있는 수준에서 벗어나거나, 정신적인 문제에서 기인하는 경우, 범죄에 가까운 행동을 보이는 경우라면 학교는 이런 학생을 지원하는 시스템이 제도적으로 반드시 만들어져야 한다고 강하게 주장한다. 맞는 말이다. 교사들이 입을 모아 말하듯, 그런 학생들을 별다른 조치 없이 다른 학생들과 학급 생활을 하도록 하면서 어떤 경우에는 그 학생의 부모조차 협력하지 않는다면, 그 상황에서 교사가 회의감과 무력감 대신 어떤 감정을 느낄 수 있을까? 교사들의 외침대로 학생 지원을 위한 제도는 멀지 않은 때에 반드시 마련되어야 한다.

하지만 나는 여기에서 거시적인 안목에서 제도가 마련되어야 한다는 것을 말하려는 것이 아니다. 그런 정책이 준비되는 동안 오늘을 살아가야 하는 우리는 과연 무엇을 하며 기다려야 하는가에 대해 이야기하려는 것이다. 제도만을 탓하며 시간을 보낼 수는 없기에, 그날이 우리에게 도래하는 동안 지금 교사인 우리가 할 수 있는 일은 무엇일까를 고민해야 한다. 시간은 흐르고 있고 나와 학생들은 지금 한 공간에 서 있으니, 어떻게든 우리는 현재를 살아가야 하니까 말이다.

이야기가 다른 곳으로 샜다. 다시 위에서 말한 교사와 학생의 관계 문제 즉 제도가 아닌 실천의 문제로 돌아가자. 학교의 본질은 '관계'다. 그렇다고 본다면, 어려움을 호소하는 교사들은 현재 학생들과 좋은 관계를 맺는 것이 어렵다는 말일 것이다. 그리고 거기에는 기대를 어렵도록 만드는 학교의 시스템 이외에도, 해당 학생과 교사 사이에는 학생, 학부모, 교사 혹은 기타의 요인 등 신뢰 관계를 방해하는 수많은 요인들이 존재하기 때문일 것이다.

그렇다면, 관계가 그토록 중요하다면, 학교에 속한 이들의 관계는 어떠해야 하는 걸까? 어떻게 신뢰와 희망의 관계를 만들 수 있다는 것일까? 교사와 학생의 관계는 어떤 실로 묶어야 할까? 쉽게 답하기 어려운 질문이지만, 앞으로 이어지는 글에서 차근차근 살펴볼 것이다. 그리고 한 가지는 분명하다. 다소 무거운 마음이 들 수도 있겠지만, 현재로서는 다른 누구 보다 교사의 역할이 중요하다는 점이다. 받아들이기 어려울 순 있겠지만 이것이 교사가 학교의 희망인 이유가 아닐까 싶다.

이제 스스로에게 한번 물어보자. 그대는 학교의 희망으로 살고 있는가? 혹은 학교의 희망이 될 준비가 되어 있는가? 나는 그대들의 대답이 흔쾌히 던지는 "예스"이기를 진심으로 고대한다.

'학교는 관계다. 관계가 바로 학교다.' 〈학교란 무엇인가〉 제작진
이 1년 4개월여에 걸친 조사 끝에 내린 핵심이다. 학교에서 많은
시간을 보내는 학생에게는 관계가 특히 중요하다. 이를 잘 보여
주는 연구가 있다.

1954년 의사와 사회복지사, 심리학자 등 다양한 분야의 전문가
들이 대규모 연구 프로젝트를 위해 하와이 카우아이 섬에 도착했
다. 당시 카우아이의 거주민 대부분은 오랫동안 가난에 시달리며
알코올 중독, 정신질환 등을 앓고 있었다. 범죄율도 매우 높아서
'절망의 섬'이라 불릴 정도였다. 연구진은 1955년 카우아이에서 태
어난 모든 신생아(883명)를 대상으로 이들이 성인이 될 때까지
30년간 종단연구를 실시했다.

이 연구를 주도한 심리학자 에미 워너 박사는 어린 시절 겪은

큰 어려움이 훗날 어떤 문제를 일으킬 수 있는지를 알고 싶었다. 이를 밝히기 위해 연구 대상자들 중에서 가장 열악한 환경에서 자란 고위험군 201명을 추려 이들의 성장 과정을 자세히 분석했다. 그런데, 연구 과정에서 뜻하지 않게 최악이라고 할 만한 여건에서도 역경을 딛고 훌륭하게 성장하는 학생들이 존재한다는 것을 발견했다. 흥미롭게도 이들에게서 공통적인 요인을 하나 발견할 수 있었는데 바로 '회복탄력성resilience'이었다. 특히 '인간관계'가 결정적인 영향을 미쳤다.

에미 워너는 연구를 통해 가장 열악한 환경에도 불구하고 꿋꿋하게 제대로 성장해 나간 힘을 발휘한 아이들에게는 예외 없이 그들을 사랑하고 무조건 신뢰하는 한 명 이상의 성인이 있다는 사실을 밝혀냈다. 설사 부모가 부재할지라도 교사, 조부모, 친척, 이웃 등 누구라도 그 성인이 될 수 있었으며, 이들의 사랑은 불행한 환경에도 불구하고 학생이 끊임없이 다시 일어서는 힘이 되어주었다. 이 점을 생각하면 하루 중 학생들 곁에서 많은 시간을 보내는 교사가 어떠한 존재여야 하는지에 대해 우리는 진지하게 고민할 수밖에 없다. 이런 이유들이 더해져 〈학교란 무엇인가〉 제작팀 역시 학교에 대한 비관론을 낙관론으로 바꿀 수 있는 힘이 선생님으로부터 나온다고 강조한 게 아닐까.

교사들이 마주하는 대상은 사물이 아니라 인간이다. 그래서 교사에게는 사람을 대하는 태도가 대단히 중요할 수밖에 없다. '학교란 곧 관계'라는 메시지에서 짐작할 수 있듯이 무엇보다 교사는 학생과 좋은 관계를 맺고 학생을 이해하고 학생들 사이의 조화와 불협화음이 어디에서 비롯되는지 파악할 수 있어야 한다. 그들이 건전한 관계를 형성할 수 있는 지점도 알아야 한다. 교사가 학급에서 발생하는 갈등을 중재하고 개입하는 능력을 키울수록 학교에서 발생하는 다양한 일과 관계에 보다 능동적으로 대응할 수 있다. 또 교사에게는 사람을 민감하게 살피고 공감하는 태도가 필요하다. 만약 사태가 어떻게 흘러가는지 무신경하거나 어려움을 겪는 사람들에게 공감하지 못하는 경우, 교사가 오히려 문제를 악화시키거나 또 다른 문제를 양산할 수도 있다.

　교사로서 필요한 성품과 역량을 갖추기까지는 다양한 경험과 자기 성찰과 함께 훈련도 필수적이다. 교사라는 이름으로 불린다고 해서 처음부터 숙련된 음악가처럼 연주할 수는 없다. 제아무리 훌륭한 연주자라 하더라도 서투른 초심자 시절을 거쳐 숙련된 솜씨를 발휘하듯이 한 사람의 교사도 그렇게 선생님이 되어 간다. 모든 교사는 첫 발령을 받고 학교 현장을 알아 간다. 그 안에서 본인의 역할을 깨닫고, 자책하고 본인의 한계를 절감하면서, 때론 희망에 부풀면서 선생님이 된다.

　그런데 이 과정에서 유념해야 할 사항이 있다. 교사가 되는 데 필요한 배움의 시간이 학생들을 통해 가능하다는 점이다. 조금 거칠게 말하면 본의 아니게 교사로 성장하는 데 있어 학생이 학습의 수단이 될 수도 있다. 그렇기에 교사라면 모름지기 학교를 연습의 장으로 삼기 전에 도구로서의 자신을 최대한 치열하게 연마해야 한다. 이는 단지 교사만 노력해서 될 일이 아니다. 대표적으로 교사 연수 또한 현장에서 겪는 어려움을 해소하고 직면하는 문제를 능숙하게 다룰 수 있는 역량을 강화하는 방향으로 개선해야 한다. 이제라도 강사의 일방적 전달과 듣는 강의를 넘어서 실제적인 훈련을 포함한 커리큘럼을 구성해서 적어도 교사들이 해마다 같은 문제로 고민하지 않도록 도와야 한다. 일찌감치 각 교육대학의 교육과정에 포함시켜 기본기를 다지도록 한다면 더 좋을 것이다.

어떤 사람들에게는 교사가 하나의 직업에 불과할지도 모른다. 그러나 나는 선생님이라는 이름표를 달고 산다는 건 단순히 어떤 직업을 가지는 것 이상이라 확신한다. 학생 곁에 서 있는 공식적인 성인이 바로 선생님이다. 선생님은 학생의 일상을 바꾸고 내면을 밝힐 수 있는 존재다. 카우아이섬의 아이들이 보여 준 것처럼 한 사람의 삶에 결정적인 영향을 미칠 수 있는 큰 사람이다. 그러니 교사가 하는 일이 어찌 가벼울 수 있겠는가.

그대는 세상을
어떻게 바라보는가?

정신없이 수업을 마쳤다. 시간표를 보니 다음은 전담 시간. 나의 즐거운 마음을 학생들에게 들키지 않으려 콧소리를 냈다.

"얘들아, 나 없는 동안 재밌게 공부해 알았지? 너희들 보고 싶으면 어쩌지?"

"그럼 가지 마세요, 선생님!"

"에이, 그럼 영어 선생님이 슬퍼하시지. 너희들 보고 싶어서 벌써 문밖에서 기다리시는데! 한 시간 동안 공부 잘해. 알았지? 이따 만나자."

초등학교에서도 중학교나 고등학교처럼 몇몇 교사는 한 과목만 전담해서 가르친다. 영어, 체육, 음악, 과학 같은 과목이 대표적이다. 1학년과 2학년은 통합교과 형식으로 되어 있어서 담임교사가 대부분의 과목을 가르치지만 3학년 이상이 되면 여러 교과

들을 배우게 되는데, 위와 같은 몇 개의 과목은 전담하는 교사가 배정된다.

　내가 학생들의 담임을 맡을 땐 특정 몇 시간을 제외하면 대부분 교실에서 학생들과 함께 시간을 보냈다. 아무리 교실을 정리하고 정돈을 하더라도 서른 명 가까운 학생들, 그들의 소지품과 가방은 이리저리 나뒹굴기 마련이었고, 쉬는 시간이면 학생들은 요령 좋게 그것들을 타넘고 내게로 달려오곤 했다. 들뜬 아이들이 쉬는 시간에 내 옆에 앉아 안전하게 공기놀이를 하는 걸 보면서도 나는 학생들이 혹시라도 다투거나 사고가 날까 봐 화장실도 가지 않았다. 그러다가 전담 시간이 되면 비로소 '얼음땡'에서 풀려났다.

　그렇게 귀하고도 고마웠던 전담교사 수업 시간, 일거리를 끌어안고 출입문을 나서며 기다리던 영어 선생님과 눈인사를 하고 연구실로 향했다. 긴 복도 끝에 위치한 학년 연구실로 가는 동안 벌통처럼 웅웅거리던 소음이 서서히 가라앉았다. 이제 곧 학생들이 없는 조용한 40분을 보낼 수 있다고 생각하니 긴장이 풀렸다. 연구실에 가방을 내려놓고 숨을 고르며 봉지 커피를 꺼내 들었다. 창밖을 보니 꽃 등불을 켠 벚꽃이 줄지어 서 있다. '내 키가 조금만 컸어도 밖을 더 잘 볼 수 있을 텐데' 하는 생각에 빠져 있을 때 한 선생님이 들어왔다. 그런데 무척 화가 난 듯 얼굴이 잔뜩 일그러져 있다. 무슨 일 있느냐는 말에 기다렸다는 듯 격앙된 목소리가 터져 나왔다. 들어 보니 학급 학생들 몇몇, 특히 그중한 명과 힘든 시간을 보내고 있었다. 학생들이 어떤 말썽을 일으키는지 큰 소리로 쏟아 내다 보니 화가 더 나는 모양이었다. 과거의 일을 되새김질하면 우리는 당시의 감정을 재경험한다. 아마도 그 선생님도 그런 것 같았다.

한참 동안 선생님의 하소연을 듣다 보니 얼마나 답답할까 안쓰러운 생각이 들었다. 도와주고 싶었지만 여느 때처럼 망설여졌다. 이 일뿐만 아니라 나는 교사로 재직할 때 다른 학급의 일에 잘 관여하지 않았다. 동료들과 어려움을 나누고 힘든 일이 있을 때는 함께 대안을 찾았으면 좋았겠지만, 그 당시 나는 그렇게 하지 않았다. 솔직히 내 학생들을 챙기기에 바빴다. 그러나 많은 선생님들이 제 각각의 어려움을 겪고 있으리란 사실은 짐작하고 있었다. 그런 내 생각이 그날 사실로 나타나고 있었다. 나와 그 선생님이 같은 시간을 전담 시간으로 배정했기 때문에 이변이 없는 한 1년 동안 매주 그 시간에 우리 두 사람은 연구실에서 만나야 했다. 평소대로 내 학급 이외의 일은 모른 척하고 살고 싶었지만 더는 그럴 수 없을 것 같았다. 잠자코 그 선생님의 말을 듣고 있자니 모처럼 부푼 마음으로 교실을 나섰던 즐거움도 흔적 없이 사라졌다. 아이들이 아무리 짓궂어도 학생과 담임선생님이 그런 식으로 대치한다니, 믿기 힘들었다. 그러나 말할 순 없었다. 자신을 어떻게든 골탕 먹이려고 학생이 온갖 고약한 짓을 벌인다는 그 선생님 앞에서 어떤 말도 꺼내기 힘들었다. 그저 "호준이가 일부러 그러는 건 아닐 거예요."라고 말한 게 전부였다.

신뢰와 공감이 증발한 메마른 상황에서 대치하고 있는 선생님과 학생의 처지가 딱하고 걱정스러웠다. 화난 선생님을 위로하면서 속으로 생각했다. '학생이 일부러 그러는 게 아닐 가능성도 커요. 학생에게 고의성이 있다고 선생님이 단정 짓는 건 아닐까요? 만약 학생이 의도적으로 선생님을 무시한다면, 그건 그 학생이 선생님에게 좋은 감정이 없다는 표시이자 서로 좋은 관계를 맺지 못한 결과가 아닐까요?' 그렇게 생각한 데는 그만한 이유가 있었다.

사실 나는 호준이를 잘 알고 있었다. 한 해 전만 해도 내 반이었으니까. 내 앞에서의 녀석은 다른 학생들에 비해 신경 쓰이는 면이 있었지만 심각한 문제를 일으키진 않았다. 작은 일에도 예민하게 반응하고, 문제가 생기면 다른 사람 탓으로 돌릴 때가 있기는 했다. 그래도 무슨 일이 있었는지 부드럽게 물어보고 차분히 들어 주면 자신의 잘못을 술술 불었다. 그러면서 잘못했다고 스스로 인정하곤 했다. 그런 모습을 보며 '이 아이가 집에서는 상처받으며 살 수도 있겠구나'라는 생각이 들었다. 내 눈에 들고 싶어 하는 모습이 종종 보였고, 칭찬 들을 만한 행동을 내 앞에서 하려는 게 보였다. 그래서 가급적이면 잘못했더라도 꾸짖기보다는 호준이가 한 행동을 이해한다고 말한 뒤, 그러나 다툼이 생기지 않게 하는 다른 행동도 있다고 알려 주었다. 또 행동을 바꿀 수 있는 시간과 실수를 만회할 수 있는 기회를 주려고 했다. 그 덕분인지 녀석은 나를 잘 따랐다. 장점도 무척 많았다. 단정했고,

정리정돈을 잘했을 뿐 아니라, 청소도 솔선수범했다. 자기 의견을 분명하게 말할 줄 알았고, 수업 내용에 대한 이해가 빨랐으며 공부도 부지런히 했다. 학업 성적도 좋았다. 고약한 말썽꾸러기는 아니어서 친구와 투닥거리다가도 장난스럽게 웃으며 이름을 부르면 곧 그 행동을 멈췄다.

맞다, 그 선생님 말대로 호준이는 꽤 영리했다. 담임인 내 눈치를 봐 가며 장난을 칠 때가 있었고, 옆 친구를 귀찮게 해 놓고도 안 그런 척 시치미를 떼기도 했다. 한편으론 내가 보는 앞에서 더 열심히 수업에 집중하는 모습을 보이기도 했다. 호준이에 대한 선생님의 설명을 듣다 보니 약간씩 선을 넘는 녀석의 태도를 그 선생님은 굉장히 심각한 문제로 여기는 것 같았다. 그 선생님의 설명하는 호준이는 '선생님한테 거짓말을 밥 먹듯이 한다. 그 아이가 하는 말은 믿을 수 없다. 잘못했다고 절대 말하지 않는 뻔뻔한 아이다.'였다. 한 사람을 무 자르듯 재단하는 무시무시한 말이었다. 호준이에 대한 반감이 강하게 느껴졌다. 둘의 관계는 그야말로 악화일로였다. 호준이는 선생님의 말을 무시하기 일쑤고, 선생님은 호준이를 혼내는 일이 반복되고 있었다. 더욱이 이 모든 상황은 학급 학생들이 전부 보는 앞에서 벌어지고 있었다. 어쩌면 이 점이 관계 악화에 가속도를 붙인 요인이 아닐까 싶었다.

호준이가 내 학생이었을 때 했던 행동을 알고 있었기에 선생님의 얘기가 무엇을 말하는지, 그리고 답답해하는 선생님의 심정도 이해가 되었다. 동의하는 건 아니지만 그 선생님의 눈에는 녀석이 그렇게 비친 것이다. 어느 교실이든 어떤 상황인지 뻔히 보임에도 "무슨 일이니?" 하고 물으면 "제가 안 그랬는데요?"라고 대답하는 학생들이 적지 않다. 교사를 무시하고 예의 없이 구는 경우는 물론이고, 친구를 괴롭히고 따돌리면서도 그 친구가 얼마나 힘들고 비참할지 공감하지 못하는 학생들도 있다. 미안하다, 잘못했다는 사과 대신 행동을 합리화하는 학생들도 드물지 않다. 그런 행동을 하게 된 데는 마땅한 이유가 있다손 치더라도 정도가 지나칠 때가 있었다.

다시 호준이 이야기로 돌아와, 녀석이 이런 행동을 했다는 뜻은 아니다. 하지만 그 선생님의 말이 정확하다면 호준이의 행동은 내 앞에서 보이던 모습과 많이 달라진 게 분명했다. 선생님의 말을 선뜻 믿고 싶지 않았다. 없는 말을 지어낼 일은 아니라는 것을 알면서도 '실제로 그럴까?' 하는 의심도 들었다. 정말 속상했다. 가끔, 연구실 창밖에서 화려한 벚꽃이 춤을 추던 봄날, 선생님과의 그 시간을 생각하면 지금도 긴장되고 한숨이 나온다.

07 선생님을 위한 변명

학급 친구들이 보는 앞에서 학생을 추궁하거나 혼내거나 가르치려는 교사의 행동은 듣지 않는 약을, 그것도 억지로 먹이는 것과 같다. 부적합하게 처방된 약은 증상을 완화하기보다 오히려 부작용을 초래하는 법이다. 이 말을 믿을 수 없다면 많은 사람들 앞에서 누군가로부터 핀잔을 들은 경험을 떠올려 보라. 그때 어떤 마음이 들었고 그 상대가 어떻게 보였는지 말이다. 초등학생이라 하더라도 자신이 한 행동의 옳고 그름에 상관없이 친구들 앞에서 체면이 구겨지는 건 견디기 힘들다. 학생들에게는 선생님이 하는 꾸지람이나 지적 그 자체보다 그 일이 친구 앞에서 일어난다는 사실이 자존심 상하고 견디기 어려울 수 있다.

학생들이 또래들 앞에서 선생님에게 꾸중을 듣는 일은 생각보다 큰 생채기를 낸다. 형제자매 앞에서 부모에게 혼날 때도 마찬

60 | 선생님이라는 이름으로 불리는 당신에게

가지다. 꾸중도 꾸중이지만 그보다는 공개적인 자리여서 심리적 타격이 더 크다. 소심하고 부끄러움 많았던 어린 시절의 나와 같은 학생들은 이런 순간, 내상을 입은 채 내색하지 않고 견디고 있는지도 모른다. 어떤 학생은 선생님에게 드는 반감을 꾹꾹 누르며, 치욕스러운 그 순간을 마음에 차곡차곡 쌓아 둘 수도 있다. 공격적이거나 분노 조절이 어려운 학생이라면 자존심을 건드리는 선생님에게 대들지도 모른다. 이런 일이 거듭될 때마다 학생들은 그 순간을 곱씹으며 마음으로부터 선생님을 향한 믿음의 이불을 한 겹씩 뜯어낼지도 모를 일이다. 학생들이 친구들 앞에서 혼나는 일은 생각보다 많은 부작용을 초래한다. 학생의 자존감이 무너지는 것을 시작으로, 혼나던 광경을 본 친구들 사이에서 놀림감이 되기 쉽고, 소문이 밖으로 퍼져 나가 학생의 위신을 떨어뜨리기도 좋다. 혹여 따돌림이라도 당하던 학생이라면 그야말로 치명상을 입는다. 그리고 어떤 경우에는 학생이 혼났던 사실이 학부모의 귀에 들어가 전혀 예상치 못한 국면으로 일이 전개되면서 상황이 악화되기도 한다.

학생들은 자신과 관련된 일을 타인에게 전달할 때 본인에게 유리한 방향으로 말하기도 한다. 친구 사이에서 일어난 불미스러운 일, 자기 잘못으로 선생님에게 꾸중을 들은 경우에도 부모에게 털어놓을 때 실제와 다르게 말할 때도 있다. 그래서 학생이 의도하지는 않았더라도 이로 인해 관련된 사람들 사이에서 또 다른 갈등이 생기는 수가 있다. 일부러 거짓말을 하려는 게 아니라 자기 상황을 설명하기 위해, 자신만의 잘못이 아님을 강조하려는 취지일 것이다. 어떤 경우에는 부모에게 잘못을 숨기고 싶어서 그러기도 한다. 자신의 이미지가 망가지는 걸 원치 않아서 그럴 수도 있다. 그러므로 학생들 사이에서 일어난 일을 사실대로 파악하고자 할 때 교사는 학생의 이런 면을 감안할 필요가 있다. 다시 말해 무턱대고 '학생이 사실대로 말하지 않는다, 거짓말을 한다'고 속단하기 전에, 또는 그런 태도를 즉각 바로 잡으려고 하기 전에 잠시만 학생 입장에서 생각해 볼 필요가 있다. 온전히 사실을 파악하기 위해서라도 교사는 학생의 마음을 먼저 헤아려야 한다는 뜻이다.

하지만 우리 대부분은 앞서 언급한 그 선생님처럼 학생이 자신에게 유리하게 설명하는 태도를 '거짓말을 한다'고 단정 짓기 쉽다. 학생 입장에서 자기에게 도움이 되도록 꾸며서 하는 유리한 설명은, 실제로 일어난 사실과 다르기 때문에 엄밀히 말하면 거짓말이자 핑계이며 변명으로 볼 수 있다. 그러나 교사라면 여기서 한 걸음 나아가 학생이 자신을 보호하기 위해 무의식적으로 그렇게 행동하는 것일 수 있다는 점을 기억하는 것이 필요하다.

학생이 거짓말을 할 때는 여러 이유가 있다. 내 경험으로는 학생이 잘못한 것을 이미 알기 때문에, 일어난 일에 겁에 질리거나, 혼날 것이 두려워서, 본인 상황을 정당화하기 위해 무의식적으로 말을 꾸며 내는 식으로 대응하는 경우가 많다. 학생이 하는 말을 듣는 교사는 거짓말로 치부하기 쉽지만, 그 학생의 입장에서는 자신을 이해시키기 위해서 왜 그런 일이 일어나게 되었는지, 왜 자신이 그런 행동을 했는지에 대해 배경 설명을 해야 할 필요가 있는 것이다. 지금까지 만들어진 자신의 좋은 이미지를 유지하기 위한 무의식적 행동인 경우도 있고, 친구들 앞에서 최대한 빨리 그 상황을 모면하고 자존심을 지키고 싶어서 둘러댈 때도 있다. 어떤 경우는 그 불편한 문제 상황이 마치 일어나지 않은 사건이라고 학생 스스로 믿고 싶은 것일 수도 있다.

그러나 보통은 교사가 여기까지 생각이 미치지 않을 때가 많다. 아마 호준이의 선생님도 그러했을 것이다. 사실 선생님이나 부모 혹은 어떤 누구라도 무례하고 변명을 늘어놓는 사람 앞에서 감정에 휘둘리지 않고 그 행동 너머를 생각하기란 쉽지 않다. 그저 자기 학생이 미래에 거짓말하는 사람으로 자랄까 봐 걱정되고, 어떻게든 잘못된 행동을 반성하기를 바라는 마음이 먼저 든다.

그런데 진정 학생의 미래가 염려되고 학생이 자신의 잘못을 솔직하게 인정하고 반성하기를 원한다면, 학급에서 문제 행동을 하더라도 교사는 침착하게 대응할 줄 알아야 한다. 흥분은 금물이다. 교사가 크게 놀라거나 당황할수록 빠른 해결은 물 건너간다. 설사 놀람과 걱정으로 가슴이 쿵쾅거리더라도 그 울퉁불퉁한 마음을 잠재우고 학생이 왜 그런 행동을 하게 되었는지 그 이면을 차분하게 살펴야 한다. 종이에 불붙이듯 학생을 몰아가지 말고, 깊게 숨을 들이마시고, 한 걸음 떨어져서 더 객관적으로 생각하도록 노력해야 한다. 물론 쉬운 일은 아니다. 얼마나 노력해야 우리가 이런 경지에 이를지 알지 못한다. 그러나 교사로서 자신을 들여다보면서 자신을 다독거리는 일을 게을리하지 않아야 얻을 수 있는 능력인 것은 분명하다.

호준이와 함께 보낸 시간을 돌아본다. 나와 함께하는 동안 호준이가 긍정적으로 지낼 수 있었던 이유는 뭐였을까? 여기에 온전히 답할 수 있다면 학생과의 관계에서 마음고생 심한 선생님들에게 도움을 줄 수 있을 텐데 말이다. 내 앞에서 호준이는 자신이 잘못했을 때 솔직하게 인정했고 어떻게 해서 그런 일이 있었는지 설명했다. 적어도 핑계를 대거나 다른 친구가 잘못했기 때문이라는 식의 합리화는 하지 않았다. 어쩌면 그때만 해도 호준이의 나이가 한 살 어려서 그랬는지도 모른다. 다만 내가 확실하게 말할 수 있는 건 호준이가 잘못을 했더라도 녀석의 말을 의심하지 않고 끝까지 들었으며, 다른 친구들이나 선생님들 앞에서 꾸짖거나 핀잔을 주지 않았다는 점이다. 대신 녀석에게 "설사 네가 잘못을 했더라도 선생님은 네가 좋은 사람이라는 것을 알고 있어." 하고 말하면서 내 진심을 전하려고 했다. 험한 표정을 지으며 "네가 무슨 잘못을 했는지 알아?", "친구한테 그러면 되겠어, 안 되겠어?" 같은 말로 호준이를 위협하거나 언성을 높이는 일만큼은 하지 않으려고 애썼다. 앞에서 언급한 대로 호준이가 친구들 앞에서 자존심 상하지 않도록 유의했고, 잘못된 행동을 짚어주어야 할 때는 반드시 따로 불러 이야기했다. 그리고 꼭 꾸중을 해야 할 때는 간접적으로 칭찬을 곁들이는 걸 잊지 않았다.

학기 초에 호준이를 보았을 때 호준이는 불안정해 보였다. 주변 사람들로부터 인정받지 못하고 늘 비난에 시달린 사람처럼 무슨 일에든 억울함을 토로했다. 불안한 표정을 지을 때도 많았고, 자기 혼자만 당할 수는 없다는 듯 친구를 고자질하거나 잘못에 변명하는 모습도 보였다. 때문에 나는 어떤 상황에서도, 가령 친구와 다툼이 생겨도 선생님이라는 사람이 자신의 말을 귀담아듣고 있다는 걸 보여 주려고 노력했다. 달리 말하면 '네 말을 잘 듣고 너에게 억울한 일이 생기지 않도록 하겠다'는 신호를 일관되게 보냈다. 그리고 '설사 네가 잘못했다고 하더라도 너를 좋아하는 마음은 변하지 않는다'는 것을 꼭 알려 주겠다는 의도도 없지 않았다. 사실 호준이에게 내가 취한 태도는 다른 학생들에게도 마찬가지로 적용되었는데, 그때나 지금이나 교직자로서 나는 모든 학생들에게 이 세상 누군가는 네가 얼마나 괜찮은 사람인지 알고 있다는 사실을 보여 주는 것이 정말 중요하다고 믿는다.

우리는 타인 앞에서 누군가로부터 "네가 잘못했다."라는 식의 말을 들으면 대부분 본능적으로 방어 자세를 취하게 된다. 학생들도 마찬가지다. 그러나 교사들은 이런 사실을 가끔 잊는 것 같다. 그래서 학생에게 자신이 무엇을 잘못했는지 꼬치꼬치 확인시키고, 그것을 시인하도록 만들려는 시도를 한다. 하지만 이런 노력은 그다지 효과적이지 않다. 효과는커녕 역효과가 훨씬 크다.

아직 어린 학생은 '선생님은 자신을 하나도 믿지 않고, 상대 친구를 더 두둔하며 그 친구와 한 편'이라고 생각할 여지가 크다. 부모가 자녀를 혼낼 때도 마찬가지다. 꾸중을 들으면서 아이는 부모가 다른 형제를 편애한다고 여긴다. 이런 일이 반복되면 아이는 다른 형제자매들과 사이좋게 지내기 어렵다. 자연스레 좋은 감정을 나눌 기회도 줄어든다.

간혹, 교사들이 간과할 수 있는 점이 있다. 학생들도 교사를 어렵지 않게 파악한다는 사실이다. 선생님이 자신의 말을 들으려는 마음이 있는지 파악하는 건 학생들에게 어려운 일이 아니다. 아니, 너무 쉽다. 만약 선생님이 편견을 가지고 자신을 대한다고 생각되거나 아무리 해도 자신의 진심이 전해지지 않는다고 느끼면, 학생은 마음의 문을 걸어 잠그게 된다. 선생님이 자신을 '잘못된 행동을 하는 나쁜 아이'로 여긴다고 생각해 슬퍼하기도 하고, 자포자기한 심정으로 선생님이 바라는 행동을 하지 않을 수도 있다. 이렇게 되면 쉽게 풀 수 있는 문제도 실타래처럼 엉킨다. 내가 호준이와의 경험을 통해 이야기했듯이 교사가 해야 할 일은 그리 대단한 일이 아니다. 학생을 사랑하는 마음으로 지켜보며 학생이 하는 말을 경청하고, 속단하거나 편견을 가지지 않고 진심으로 믿는 것이다. 그럴 때 학생도 선생님을 신뢰한다.

그 봄날의 일이 생각날 때마다 그때의 선생님에게 더 적극적으로 내 의견을 말했으면 어땠을까 하는 생각이 들곤 한다. 재직

중 나는 문제나 고초를 겪는 동료 교사를 보면 그 마음을 헤아리고 위로는 했지만, 도움이 되는 뭔가를 제안하거나 적극적으로 의견을 피력하지 않았다. 지금도 도움을 청하지 않는 사람에게 선뜻 나서지 않는다. 다만 누군가 도움을 요청하면 어떻게든 시간을 내서 내가 할 수 있는 방식으로 돕는다. 아마도 그때는 내가 나서면 혹시라도 그 선생님의 일에 간섭하거나 영역을 침범하는 모양새로 보일까 봐, 혹시라도 자존심 상해하지는 않을까 주저하는 마음이 컸던 것 같다. 더 솔직하게는 혹시라도 그 선생님과 불필요한 갈등이 생길지도 모른다는 생각에 나를 보호하기 위해 거리를 유지했던 것 같기도 하다.

다시 스스로를 돌아본다. 하지 않았던 행동에는 나름의 이유가 있겠으나 그럼에도 불구하고 힘들어하던 동료에게 다가가지 않았고, 내 시간을 나누지 않던 지난 모습은 아쉽다. 그러고 보면 내 일도 혼자 해결하려고만 했던 것 같다. 두어 명을 제외하면 내 고민을 동료들에게 털어놓지도 않았다. 자주적인 태도와 타인과 나누기를 어려워하는 건 다르다. 처음에 나는 전자의 사람인 줄 알았으나 알고 보면 후자에 가까웠다. 이제 교사는 아니지만 상담과 교육을 위해 여전히 학교에서 보내는 시간이 적지 않다. 앞으로 조금 더 나를 열고 사람들에게 다가가고 싶다. 내 영역 밖의 일이라고 방관하지 말고 힘껏 용기 내어, 이웃의 역사와 이야기에도 관심을 두려 한다. 혹시 아는가, 내가 도울 수 있는 누군가가 거기 있을지.

선생님의 '관점'

　태평양에 있는 이스터섬을 연구하던 고고학자들은 농경지로 추정되는 곳에 아주 많은 돌이 널려 있는 것을 발견한다. 오랜 기간 섬의 주민들에게 꼭 필요한 식량을 공급해 준 농경지에 돌이 많다는 건 이상한 일이었다. 시골의 논밭에서 돌을 골라내 본 사람이라면, 단단한 돌이 뒹구는 땅보다는 당연히 돌이 없는 땅이 좋은 경작지라고 생각할 것이다. 돌처럼 걸리적거리며 방해하는 것들이 없어야 추수하기 수월하기 때문이다. 하지만 과연 그럴까?

　농경지와 돌의 관계는 우리 눈에 보이는 것처럼 간단하지 않다. 여러 과학자가 연구를 통해 알아낸 사실이 있다. 페루, 중국, 뉴질랜드, 이스라엘 등지에 자리한 비옥한 경작지에 공통점이 하나 있는데 바로 돌이 많다는 것이다. 이들의 연구에 따르면 어떤 땅에서 돌은 농사에 나쁜 게 아니라 오히려 긍정적 요인으로 작용한다고 한다. 그 이유가 뭘까?

'돌을 심어 두면 사막처럼 강우량이 적고 건조한 지역도 생산성이 높은 농경지로 바뀔 수 있다. 돌은 낮 동안 태양 광선을 흡수해 땅의 온도를 높여 주고, 밤이 되면 열을 방출한다. 이슬을 모아서 수분 주머니를 형성하고 표토가 바람에 쓸려 가는 것을 막아 주는 역할도 한다.'

내가 처음 이 이야기를 접했을 때 든 생각은 단순히 '돌'에 관한 것만이 아니었다. '실패나 실수는 농경지의 돌처럼 필요하다'는 메시지 역시 여기서 하고자 하는 이야기가 아니라는 생각이 들었다. 나는 이스터섬의 농경지와 돌 이야기를 읽으며, '관점'이 정말 중요하구나 하는 생각을 했다. 농경지와 돌의 관계에 대한 내용보다는 '돌을 어떻게 바라보는가?', '우리 삶에서 돌처럼 껄끄러운 시련이나 실수 혹은 실패를 어떻게 받아들일 것인가?'라는 질문을 하게 되었다고나 할까? 농경지에 굴러다니는 돌을 제거의 대상으로 볼지, 아니면 농사와 농작물의 수확에 도움이 되는 요인으로 볼지는 그것을 보는 사람의 관점에 따라 다르다. 같은 맥락에서 실패나 시련을 어떤 관점에서 보느냐에 따라 절망과 희망이 갈리고, 불평과 배움이 나뉜다. 무엇보다 이 '관점'이라는 열쇳말은 우리가 여기서 이야기하고 있는 학교 교육, 교사와 학생의 관계에 있어서도 결정적 요인으로 작용한다.

한 번 더 강조하건대 여기서 말하고자 하는 핵심은 관점, 그중에서도 '교사의 관점'이다. 관점觀點은 사물과 현상에 대한 견해를 규정하는 사고의 기본 출발점으로 인간과 환경, 그 환경 속에서 벌어지는 사건을 해석하는 데 영향을 준다. 교육에 있어서 교사의 관점은 매우 중요한데, 성장기 학생들에게 장기간 영향을 미치기 때문이다. 관점은 안경의 렌즈와 같아서 검은색 렌즈를 끼면 검은색으로, 주홍색 렌즈로 보면 주홍색으로 세상을 보게 된다. 만약 교사가 문제중심 렌즈로 세상을 본다면 주로 문제에 주목하고, 문제중심적으로 해석할 가능성이 크다. 반대로, 교사가 문제되지 않는 점에 집중할 수 있는 렌즈를 끼고 있다면 어떨까? 문제가 발생한 상황이라도 어떤 지역에서 돌은 방해물이 아니라 농사를 돕는 중요한 요건이 될 수 있듯이 그 속에 숨어 있는 기회와 반전의 계기 등 다른 면을 찾을 수 있지 않을까? 그리고 문제가 아닌 부분을 따라 전개되는 이야기를 포착할 수 있지 않을까?

학교에서는 학생과 관련된 문제가 다양하게 일어난다. 그대에게 학교의 온갖 문제를 해결하는 데 있어 가장 중요한 한 가지만 고르라고 한다면 뭐라 답하겠는가? 여러 대답이 있겠지만 나라면 교사가 '사람과 세상을 바라보는 눈', 즉 관점을 꼽겠다. 특히 '문제보다 강점에 주목하는 눈'을 가져야 한다고 강조하겠다. 실제 교육 현장을 보면 교사 대부분이 학생의 문제적 행동을 지적한다, 그에 비해 학생의 건강한 면, 문제를 일으키지 않는 평범한 때를 언급하는 경우는 매우 드물다. 그런데 만약 학생이 일으킨 문제를 해결한다고 했을 때, 전자보다 후자가 훨씬 효과적이다. 바꿔 말해 학생의 단점보다 장점에 집중할 때 놀라운 긍정적 변화를 볼 수 있다. 믿기 어렵다면 시도해 보기 바란다. 말이든, 글이든, 전화를 통해서든 어떤 방법을 쓰더라도 효과가 있을 것이다. 적어도 나는 시도할 때마다 성공했다.

한번 생각해 보자. 보통 학생에게서 문제 되지 않는 아흔아홉 가지 행동은 지나치면서 잘못한 점, 문제 되는 점을 먼저 지적하지 않는가? 우리 주변의 교사나 부모에게서 이런 모습을 발견하기란 그리 어렵지 않다. 학생들도 이점을 당연하게 받아들인다. 그래서일까, 학생들 사이에서도 친구나 형제자매가 잘못할 때를 기다리기나 한 듯 이때를 포착해 지적하고 낚아챈다. 늘 그렇지는 않음에도 늘 그렇다는 식으로 상대에게 반응한다. 학생 입장에서 보면 잘할 때는 별말 없다가 기대에 미치지 못할 때만 콕 집어내면 서운하고 억울하다. 그 대상이 교사든 부모든 마찬가지다. 자기를 제대로 알아보지 못하는 사람, 자신을 정당하게 평가하지 않는 상대와 마주하는 일은 내키지 않는다.

모든 교사는 학생이 바르게 성장하기를 바란다. 그럼에도 학생을 부정적으로 보는 데 익숙한 교사라면 그의 바람처럼 학생의 문제 행동이 줄어드는 행운은 만나기 어려울 것이다. 동일한 사물도 위치에 따라 달리 보이듯 대체로 부정적 시선에는 잘못된 일이 먼저 눈에 띈다. 더욱이 교사가 문제에 초점을 맞출 경우 학생은 자신도 모르게 방어적인 태도를 취하게 된다. 이는 교사가 자연스러운 상황에서 나타날 수 있는 학생의 평범한 행동, 장점을 발견할 기회를 놓치게 만든다. 또한 그 학생이 누구인지 보여 주는 고유한 모습들도 보기 어렵게 한다.

교사는 학생이 제대로 자라기를 바라는 마음에서 단점을 지적하고 교정하려 한다. 그러나 학생을 위하는 마음에서 나온 교사의 말이 정작 학생에게는 전혀 다른 의미로 전달될 수 있다. 예를 들면 '우리 선생님은 내가 마음에 들지 않는구나', '선생님은 나를 믿지 못하는 거야', '나를 문제아라고 생각하고 있구나', '나는 쓸모없고 시시한 존재야'와 같이 해석할 수 있다. 부모가 자녀의 단점과 문제를 지적하는 경우도 마찬가지다. 어쩌면 교사의 경우보다 훨씬 더 심각한 흔적을 남기고 문제의 씨앗을 심을 수도 있다. 자녀에게 교사보다는 부모가 더 영향력이 크기 때문이다. 교사나 부모가 무심코 던지는 말 한마디에 담긴 의미치고는 섬뜩할지 모르지만 아직 어리고 경험이 적은 학생들이기 때문에 오해해서 받아들일 소지가 의외로 높다. 내면이 여물지 않은 학생이거나 그 대상에게 교사와 부모가 가지는 의미가 클수록 더 치명적인 상처를 입는다.

어떤 이유로든 진심이 잘 전해지지 않거나 신뢰가 떨어진 상태에서 하는 교사와 부모의 간섭과 지적은, 그 메시지가 옳다손 치더라도 아이들과의 관계에서 역효과를 일으킨다. 여기에 대해서 이어지는 글에서 보다 자세히 알아보자.

09 준수 이야기

　문제 되는 행동을 하는 학생들을 살펴보면 칭찬이나 지지를 받는 경우보다는 혼나고 꾸중 듣는 것과 같은 부정적인 경험을 하는 때가 많다. 꾸지람이나 감정 실린 목소리로 하는 교사의 교육은 대개 학생들에게 제 의도대로 전달되지 않는다. 지적과 꾸중이란 껍질이 교사의 가르침, 설득과 조언을 단단히 가로막는다. 그것은 길을 가는 나그네의 외투를 벗기기 위해 세차게 몰아치는 바람처럼 오히려 학생이 스스로를 더 꽁꽁 여미게 한다. 따뜻한 햇살이 나그네를 온기로 감싸 스스로 외투를 벗도록 하는 것과는 반대로, 자기 행동을 바꾸어야겠다는 결심에서 멀어지게 만든다. 만약 부모의 양육 태도가 이런 모습을 띠는 경우에도 자녀들에게는 이와 유사한 경험이 축적된다.

　꾸중과 지적, 가르침 그리고 설득이나 조언이 학생들에게 그다지 큰 힘을 발휘하지 못한다면, 교사는 어떻게 해야 하는가? 교사라면 수없이 하는 고민일 것이다. 나도 그랬다. 학생들을 가르칠 때는 물론이고 아동이나 부모와 상담을 하면서도 계속 고민했다. 그리고 경험이 쌓이면서 나름대로 효과적이라고 생각되는 방법을 실천해 왔는데, 그건 바로 이 책에서 여러 번 강조하는 방식이다.

내 방법론의 출발점은 학생이 문제 행동을 하더라도 '잘못이나 문제 행동에 집중해서 그 행동을 물고 늘어지지 않고, 그 문제 행동은 일단 둔 채 그 외의 행동에 주목하는 것'이다. 다시 말해 '문제 되지 않는 면은 어떤 것이 있는지', '어떻게 문제가 더 심해지지 않도록 했는지' 등을 물어본다. 당연히 교사의 꾸중을 들으리라 예상하고 있던 학생에게 '잘못되지 않은 행동', '문제 되지 않는 행동'을 먼저 물으면, 학생은 의외라고 여기며 놀란다. 학생이 전혀 예상치 못한 교사의 말은 칭찬처럼 들려 학생을 문제 행동으로부터 환기시키는 효과가 있다. 그래서 교사의 말을 들으면서 자신도 문제 되지 않는 행동을 할 수 있는 사람이며, 다르게 행동하겠다는 용기를 낼 수 있게 한다. 이처럼 학교에서 교사가 학생의 문제 행동을 먼저 지적하기보다 문제 되지 않는 점을 먼저 언급하는 질문 방식은 학생의 변화를 이끄는 시발점이 된다.

'문제 아닌 점' 즉, '강점이나 장점'을 먼저 보는 교사와 '문제 또는 단점'을 먼저 보는 교사는 학급에서 발생하는 어려움을 해결하는 과정에서 분명 차이가 난다. 그런데, 학교 상황에서 장점을 본다는 것은 무슨 의미일까? 이 말은 학생에게 어떤 문제가 일어났을 때 교사가 '학생이 일으킨 그 문제보다 학생에게서 문제 되지 않는 점을 먼저 의식한다'는 뜻이다. 눈앞에 펼쳐진 사건이나 학생이 하는 문제 행동, 태도 등에서 긍정적인 그 무엇을 우선적으로 찾는 시각을 의미한다. 긍정적인 그 무엇은 교사 눈에는 띄지만 정작 학생은 미처 인식하지 못하는 경우가 많기 때문에, 문제를 해결하는 데 유용한 칭찬의 자원으로 활용할 수 있다.

그런데 내가 교사로서 학급에서 흔히 일어나는 일 중에서 문제 아닌 점, 문제 되지 않는 점 즉, 장점과 강점에 먼저 주목하는 눈을 가졌다고 하자. 그렇다면 나는 구체적으로 어떻게 행동할까? 아래의 예를 살펴보면서 각자 어떤 부분이 '문제 되지 않는 부분이자 장점'인지 이 학생의 선생님이라고 생각하면서 찾아보도록 하자. 만약 그대가 다음 예시에서 어렵지 않게 찾아낸다면 그대는 대단한 능력을 획득한 사람이다. 그런 행복한 일이 일어나기를 기대하면서 다음 사례를 읽어 보자.

1교시가 시작되기 전 아침 자습 시간, 교실에 한 학생이 뒷문을 있는 힘껏 밀면서 들어온다.

'꽈광!'

순간, 조용한 교실에서 세찬 문소리에 놀란 학생들이 일제히 뒤를 돌아본다.

"뭘 봐!"

아이들이 한꺼번에 고개를 돌리는 모습에 놀랐는지, 문을 연 녀석이 되레 있는 힘껏 고함을 친다. 그리고 씩씩대며 자기 자리에 가서 앉아 가방을 풀고 책을 꺼낸다. 친구들은 자신도 모르게 그 친구를 주시할 수밖에 없다.

이런 장면을 상상하면 어이가 없을지도 모른다. 수업 시작 전에 겨우 등교하면서 배려 없이 문을 열어 친구들과 선생님을 놀라게 하고, 조용한 교실에 선생님이 있든 친구들이 책을 읽든 아랑곳 않고 고함을 치는 학생. 이런 학생을 우리는 어떻게 보아야 하나? 그런데 이 상황에서 문제 아닌 점과 강점을 찾는 교사와 문제 또는 단점을 먼저 보는 교사는 다른 방식으로 대처한다.

사실 이 학생 준수는 아스퍼거 장애가 있는 학생이다. 아스퍼거 증후군은 흔히 자폐 스펙트럼 장애의 여러 임상 양상 중 하나로 알려져 있다. 보통은 자폐 스펙트럼을 가진 다른 아이들처럼 비정상적인 사회적 상호작용을 하고 반복적인 행동 문제를 보이며, 행동이나 관심 분야, 활동 분야가 제한되고, 대인 관계에 어려움을 겪는 것으로 알려져 있다. 그러나 우리 반 준수는 친구 관계에 문제는 있었지만 의사소통이 불가능한 정도는 아니었다. 다만 경직된 사고방식과 친구들이나 교사의 마음을 잘 이해하지 못하는 성향은 매우 두드러졌다. 다른 사람의 입장을 고려하는 데 문제가 있었고, 강하게 자기주장을 하는 경향이 있었으며, 학급에서 친구들과의 관계나 상호작용에서 자주 충돌했다. 행동을 예측하기 어려운 때도 있었다. 예를 들어 자기 자리에 앉아서 무언가

하다가 벌떡 일어나 성큼성큼 친구에게 가서는 그 친구를 밀어 버리는 행동을 하기도 했는데, 이유를 물어보면 어제 그 친구가 자기 어깨를 치고 갔기 때문에 복수를 했다고 말하는 식이다. 다행히 준수는 언어 발달이 크게 지연되지는 않았다. 하지만 자세히 관찰하면 일반 아동들과 조금 구별되는 독특한 화법을 썼고, 목소리의 크기, 억양이나 말의 리듬이 다른 친구들과 차이가 있었다. 그래도 솔직했고, 차근차근 말하면 알아들을 수 있었다.

학생에게 특별한 면이 있다고 해도 학급에서 준수처럼 행동하면 교사는 신경이 쓰인다. 지각한 것, 문을 있는 힘껏 밀어서 쾅소리를 크게 낸 것, 그래서 친구들을 깜짝 놀라게 한 것, 그리고 친구들에게 고함치면서 화낸 것 등은 타인을 배려하지 않는 행동이다. 그런데도 문제 아닌 점과 강점을 먼저 생각하는 교사는 준수의 행동에서 문제가 아니라 강점을 찾아내면서 학생의 행동을 변화시킬 수 있다. 그렇다면 준수가 일으킨 아침 시간의 소동에서도 주목할 수 있는 '문제가 되지 않는 부분이자 강점'은 무엇이 있을까? 그대들도 찾을 수 있다. 한 문장 한 문장 곱씹으며 다른 시각으로 보면 또 다른 해석이 가능하니 호기심을 가지고서라도 꼭 시도해 보기 바란다. 자, 그럼 아래에 제시한 교사와 학생의 대화를 읽어 보자. 이 대화 방식은 모범 답안이거나 완벽한 대화는 아니다. 하지만 여기서 소개하는 대화 방법은 준수 이외의 다른 학생들에게도 언제나 효과를 발휘한 검증된 방법이므로 참고하면 도움이 될 것이다.

나는 그날 씩씩거리면서 가방을 정리하고 있는 준수를 향해 부드럽고도 단호하게 불렀다.

"준수야, 선생님 좀 볼까?"

이름이 불리자 준수 녀석은 나를 바라보며 말했다.

"왜요?"

"그냥, 준수랑 선생님이 할 이야기가 좀 있어서 그래. 밖에 한번 나와 볼래?"

"싫은데요."

"에이, 준수가 늦게 온 것 같아서 조금 더 보고 싶어서 그러는데, 얼굴 안 보여 줄 거야?"

이 정도 이야기하자 녀석은 "왜요? 왜 보자고 하는데요?" 하면서 복도로 나왔다. 보통 다른 학생들은 선생님이 잠시 보자고 하면 준수처럼 반응하지 않고 한 번에 나온다. 무슨 일인지 궁금해하면서도 약간은 긴장된 표정으로 선생님에게 온다. 그러나 준수였기 때문에 교사인 내가 따로 보자고 해도 "싫은데요?"라는 말을 명랑하게 할 수 있는 것이다.

"준수, 오늘 늦게 왔네? 무슨 일 있었니?"

"엄마가 늦게 깨웠단 말이에요!"

"그랬구나, 일어나서 깜짝 놀랐겠네?"

"네."

"그래서 어떻게 했어?"

"가방 가지고 빨리빨리 걸어서 왔어요."

"그랬구나. 그런데 1교시 전에 교실에 도착해서 다행이다 그치?"

"네."

"늦은 줄 알고 막 빨리빨리 걸었어?"

"네."

"그랬구나. 준수는 지각하고 싶지 않았구나."

"맞아요."

"학교에 빨리 오고 싶었어?"

"네."

"그럼 다음에는 어떻게 하면 학교에 빨리 올 수 있을까?"

"엄마가 안 깨워도 일어나야 해요, 가방도 미리 챙겨 놓고."

"우와. 참 좋은 생각을 해냈구나. 선생님 생각에도 준수가 그렇게 하는 게 진짜 도움이 될 것 같아. 내일은 그렇게 해 볼 생각이니?"

"네, 그렇게 해 볼 거예요."

"준수야, 그런데 오늘 아침에 문 열 때 놀랐지?"

"네."

"왜 놀랐어?"

"안 그러려고 했는데 문이 쾅 소리가 났고요. 애들이 갑자기 고개를 나한테 확 돌렸어요."

"그랬구나. 일부러 그런 것도 아닌데 소리가 그렇게 나 버렸구나. 그랬으면 나도 깜짝 놀랐을 것 같아. 친구들도 고개를 다 돌러서 너를 보고. 그치?"

"네, 맞아요."

"그래서 친구들한테 소리를 지른 거야? 화를 낸 거야?"

"그건 잘못했어요."

"너도 놀라서 소리 지른 거니?"

"네."

"그랬구나, 이제 준수가 왜 그랬는지 선생님이 잘 이해할 수 있게 되었네. 그런데 준수야."

"네?"

"너, 참 기특한 거 같아. 알고 있었니? 선생님이 너를 이렇게 생각한다는 것을?"

"아뇨, 근데 왜요?"

"글쎄, 준수가 왜 기특할까? 네 생각에는 뭐 때문에 선생님이 우리 준수를 기특하게 여기는 것 같니?"

"숙제 잘해 와서요?"

자, 여기까지 읽으면서 준수에게서 문제점이 아닌 문제 되지 않는 점이나 강점을 찾았는가? 쉽게 찾을 수 있었는가? 정말 나는 궁금하다. 그대가 무엇을 얼마나 잘 찾아냈을지. 보통의 경우 준수처럼 이해하는 데 시간이 걸리는 학생이라면 아래에 소개한 대화처럼 길게 설명하지는 않는다. 대신 중요한 내용을 짧게 확인시키고 기억할 수 있도록 도와준다. 하지만 여기서는 독자들에게 도움이 될까 해서 조금 자세히 설명을 해 두었다. 물론 이 외에도 많은 점이 준수에게서 찾을 수 있는 문제 되지 않는 좋은 점이지만, 여기서는 이 정도만 언급해 둔다.

"그렇지, 그건 진짜 부지런하고 기특한 거지. 그것 말고도 오늘 보니 참 기특한 게 많은걸? 첫째, 준수는 늦게 일어났는데 지각할까 봐 빨리빨리 걸어왔잖아. 그건 제 시간에 교실에 들어가야 한다는 걸 알고 있다는 거야, 그치? 둘째로, 준수는 선생님이 '준수야' 하고 부를 때 복도로 나왔잖아. 그리고 묻는 말에도 대답도 잘하고. 그건 선생님에게 예의 있게 행동해야 한다는 것을 아는 거라고 생각해. 셋째는, 준수가 선생님에게 아주 솔직하게 말해 주어서 무엇 때문에 준수가 문을 쾅 소리가 나도록 열게 되었고, 화가 나서 소리치는 행동을 하게 됐는지 알 수 있었다는 거야. 참 용기 있게 정직하게 말했어. 선생님은 준수가 그렇게 솔직해서 참 좋아. 넷째로는, 준수는 친구들에게 소리 지른 걸 선생님이 말하기 전에 먼저 잘못했다고 말했잖아, 그치? 그 말 들을 때 기쁘더라. 그 말 들으면서 준수는 자기가 잘못한 것을 스스로 알고, 먼저 사과도 하고 그런 멋진 사람이라는 것을 알게 되었단다. 그러니까 준수가 기특한 거지."

"네. 나는 참 좋은 사람이네요?"

"그럼, 그렇고말고. 선생님은 우리 반 친구들도 준수가 이런 아이라는 것을 알았으면 좋겠는데, 어떻게 알리면 좋을까?"

"친구들한테 미안하다고 말해요?"

"그것도 참 좋은 방법이다, 그렇게 할 거야?"

"네."

"언제 사과할 생각이야?"

"들어가면서 할 거예요."

"우와! 그것도 진짜 좋은 생각이다. 준수는 좋은 생각을 참 잘하네? 그리고 앞으로는 문 열 때 어떻게 열고 싶어?"

"살살 열고 싶어요."

"왜?"

"시끄럽고 친구들이 모두 놀라요."

"그렇구나. 참 깊이 생각했네, 우리 준수."

우리는 교실에 같이 들어갔다. 준수는 사과했고, 학생들은 흔쾌하게 괜찮다고 말해 주었다. 나는 학생들도 칭찬했다. 그들의 강점과 장점에 집중해서 말이다.

"너희들 참 대단하구나. 준수가 그렇게 행동해서 무척 놀랐고 기분도 좋지 않았을 수도 있었을 텐데 말이야. 그런데도 준수한테 맞받아치지 않고 사과를 받아 주고, 넘어가 줬네. 선생님이 아까 준수한테 물어봤는데, 문이 그렇게 소리가 날 줄 몰랐대. 그래서 미안해하더라. 자기도 놀랐다고. 그렇지만 너희들에게 큰소리치면서 화를 낸 건 잘못했대. 너희들도 준수가 사과한 거 받아 주어서 선생님도 고마워."

교사가 이 정도 양해를 구하면 대부분 학생들이 "네!"라고 호응해 준다. 그리고 학급은 평화를 되찾는다. 학생들은 교사가 어떻게 대하는지에 따라 다른 행동을 보인다. 교사인 우리가 문제 되지 않는 점이나 강점을 애써 찾아야 하는 이유는, 학생의 문제를 언급하며 문제에 초점을 맞출 때보다 훨씬 빠르게 문제를 해결할 수 있기 때문이다. 이것이야말로 우리 교사들이 가장 바라는 일 아닌가.

10 당신의 관점은 '말'에 담긴다

살펴본 바와 같이 교사가 가진 관점에 따라 학생이나 학부모를 대하는 행동과 태도에 차이가 난다. 물론 교사 자신은 알지 못할 것이다. 무의식적으로 일어나는 일들이기 때문이다. 학급에서 발생한 문제와 상황을 설명할 때도 마찬가지이고, 특정 학생을 보며 일거수일투족을 판단하는 데에도 관점이 영향을 미친다. 이처럼 '관점'은 우리 뒤에서 우리를 움직인다.

'관점'은 특히 우리가 쓰는 '말'에 잘 드러난다. 같은 맥락에서 철학자 하이데거는 "언어는 존재의 집"이라고 말했다. 우리가 사용하는 말에는 세상을 바라보고 설명하는 '해석 방식'이 담긴다. 이제껏 축적된 자신의 경험과 생각에 비추어 판단하기 때문에, 사람은 같은 일에 대해서도 서로 다르게 해석할 수 있다. 그래서 어떤 경우에는 두 사람이 마주보고 말하면서도 제각각 본인 말만

하거나 자기 의견만 고수하기도 한다.

교사의 '관점' 역시 학생들에게 일상적으로 쓰는 말에 잘 드러난다. 그리고 교사가 쓰는 말은 그의 생각과 관점을 다시 강화하며 주변인들의 생각과 관점에도 영향을 준다. 예를 들어 이런 식이다. 일반적인 경우 초등학교에서는 같은 학년 교사들을 동학년 교사들이라고 지칭하며 특별한 일이 없는 한 1년 동안 하나의 연구실을 함께 쓴다. 학년 연구실은 몇 대의 컴퓨터와 프린터기 등 공용 사무기기들을 구비하고 있으며, 팬데믹 상황에서는 그렇지 않았겠지만 교사들이 수없이 없는 시간에 머무르는 휴게실 역할도 한다. 교사들은 여기서 동 학년 회의, 차 한잔 마시며 수업 준비를 하거나 학교 행사에 대해 의논하기도 하고, 학급 학생들의 행동에 대한 고민을 나누기도 한다. 그런데 교사들이 모여서 하는 말을 가만히 들어 보면 좋은 일이나 누구에 대한 칭찬보다는 학급에서 문제를 일으키는 학생에 관한 이야기가 많다. 자기 반에 누가 어떤 문제를 일으켰고, 그 결과 무슨 일이 있었으며, 그 학생으로 인해 자신이 얼마나 마음고생이 심한지 토로하는 말이 자주 오간다. 그래서인지 학급마다 소위 문제아들은 같은 학년 선생님들 사이에서 유명인사가 된다. 안타깝지만 문제아로 쉽게 낙인찍힌다. 처음엔 아무런 생각도 하지 않던 교사들도 특정 학생이 문제를 일으킬 때마다 담임교사가 하는 하소연을 듣다 보면 결국 그 학생에 대해 알게 되고, 학생의 담임교사의 말을 비판 없이 듣게 되는 경우가 많아진다. 나아가 담임은 문제 행동을 반복적으로 언급하는 동안 부지불식간에 해당 학생에 대한 부정적 인식이 공고해진다. 마치 선명하게 자국을 남기는 불도장을 찍듯, 동료들에게 신세한탄을 하고 해당학생이 무슨 잘못을 저질러서 본인이 괴로운지 말하는 횟수만큼 본인의 기억에도 확실한 사실처럼 각인된다. 이런 식으로 문제중심 관점은 담임, 동료교사들 그리고 다시 본인에게로 되돌아와 더 확고해져 간다. 해결중심접근에서는 내담자에게 "분홍색 코끼리를 절대 생각하지 마세요." 라고 주문하면, 내담자는 그 때까지 떠올린 적 없던 분홍색 코끼리를 자동적으로 떠올리게 된다고 설명한다. 그래서 분홍색 코끼리를 떠올리지 말라는 말보다는 "회색 코끼리를 떠올리세요."라고 말하기를 바란다. 그러니 교사는 교실에서 '너의 이런 행동이 나쁘다'고 말하는 대신 '너의 이런 행동이 괜찮다, 좋다'고 말하는 것이 훨씬 학생과의 관계에 도움이 된다.

맞다. 우리는 교사가 쓰는 말이 얼마나 위력적인지 생각해 볼 필요가 있다. 교사는 학생에게 절대적 영향을 끼치는 중요한 타인 가운데 한 명이다. 동시에 교사는 어떤 자극에 따라 움직이는 수동적 존재가 아니라 영향력을 만들어 낼 수 있는 능동적 존재다. 학생에게 '선생님'이 하는 말은 많은 의미를 전달할 수 있고, 학생의 변화를 촉진할 수 있는 힘을 가지고 있다. 그 정도로 강력하다. 그러니 교사는 말을 제대로 쓸 줄 알아야 한다.

다시 말해 교사는 학생에게 하는 자신의 말이 가진 위력을 얕잡아 보지 말아야 한다. 교사로서 하는 말이 학생을 긍정적으로 변화시키기도 하고, 새롭게 시작하도록 만들 수도 있다는 점을 기억해야 한다. 우리는 대화하는 동안 자신도 알지 못하는 사이에 상대의 말을 해석하고 반응하면서 상호작용한다. 이 과정을 무수히 반복하면서 서로 관계를 맺는다. 교사와 학생 사이에서 일어나는 일도 마찬가지다. 교사는 하루에도 학생들과 상호작용을 수백 번 반복한다. 그 과정에서 학생들에게 감동을 주기도 하고, 그들의 가슴에 비수를 꽂기도 한다. 우리의 말은 감동과 비수의 힘을 감추고 있다.

우리가 쓰는 말이 얼마나 힘이 센지는 사람들이 나누는 대화를 들어 보면 공감할 수 있을 것이다. 이해를 돕기 위해 아래에 짧은 대화의 예시를 적어 두었다. 여기 등장하는 세 사람은 가상의 인물들로서 너무 멀지도 가깝지도 않은, 가끔 일상을 공유하는 친구 사이로 서로에 대해 어느 정도 알고 있다고 가정했다. 오랜만에 세 명이 만나서 이야기를 하게 되었는데, A가 하는 말에 B와 C가 각각 응답을 하는 형식으로 제시했다. 여기 쓰인 두 가지 사례는 한국단기가족치료연구소의 상담훈련프로그램에서 사용하는 수십 개의 예시 중에서 골라, 필자가 상황극 형식으로 내용을 덧붙인 것이다. 그러나 앞과 뒤의 설명을 모두 생략한 가운데 이루어지는 대화 장면이어서, 설정한 상황이 다소 부자연스러울 수 있다. 그럼에도 아래 예시는 우리가 쓰는 '말의 힘'을 느껴 보고자 보여 주는 것이라는 점을 참고해 주면 좋겠다.

자, 그럼 아래에서 세 사람이 나누는 두 번의 대화를 비교해 보자. 그리고 교사는 학생에게 과연 어떻게 말해야 할지, 어떤 말로 반응하면서 대화를 이어 나가야 하는지 생각해 보자. 그리고 이 책을 읽고 있는 부모가 있다면 자녀들과 나누는 어떤 대화가 도움이 될지 생각해 보아도 좋겠다.

> A: 나, 꽤 이성적인 것 같지 않아?
> B: 맞아, 내가 보기에도 너한테는 합리적이고 논리적인 면이 확실히 있어.
> C: 흐, 잘 아네? 넌 진짜 냉정하고 다른 사람한테 잘 따지긴 해.

> A: 있잖아, 나는 어떤 환경이 주어지든지 대체로 잘 적응하는 것 같아. 그런 것 같지 않아?
> B: 진짜 그래. 내가 보는 너는 낯선 환경에서도 두려움이 없이 적극적이더라. 사람들에게도 개방적이고. 가만히 보면 정말 넌 용기 있는 사람 같아.
> C: 아, 맞아. 네가 그렇긴 하지. 넌 진짜 상대에게 잘 보이려고 비위도 잘 맞추고 아첨도 잘하더라. 주관도 없는 것 같고.

　다소 극단적으로 만들어 본 대화이긴 하지만, 위에 제시한 세 친구가 나누는 대화를 읽으며, 당신이 A라면 B와 C 중에서 어떤 친구와 더 좋은 관계를 맺을 것 같은가? 당신은 B와 C 중에서 누구에게 더 친밀함과 신뢰감을 느끼는가? 둘 중 누구에게 더 가까이 가고 싶은가? 또 다르게 한 번 생각해 보자. 혹시 당신은 대체로 B처럼 말하는가, 아니면 C처럼 말하는가? 또 당신은 가족이 B처럼 당신을 대하기를 바라는가, 아니면 C처럼 당신을 바라보기 원하는가? 당신이 교사라면 학생은 당신을 B와 같은 선생님이라고 생각할까, 아니면 C와 같다고 생각할까?

A라는 친구의 질문에 B와 C는 왜 다르게 응답하는지 이제 당신은 잘 알 것이다. 지금까지 살펴본 것처럼 B와 C가 사용하는 말에는 두 친구가 세상을 어떻게 바라보는지, 사람을 어떻게 생각하는지가 담겨 있다. B와 C는 각각의 관점에 따라 A가 하는 질문에 답한 것이다. B와 C의 응답은 무의식적이고 자연스럽게 나온 말이지만, 사실은 A라는 친구의 질문에 대해 자기가 스스로 한 해석을 반영한 결과다. B와 C가 응답한 것처럼 우리는 자신도 의식하지 못하는 사이에 상대가 하는 말을 선택적으로 해석하고 반응하고 행동한다. 즉, 우리에게 발생한 사건이나 상황, 관계를 '자기식대로' 받아들이고 의미를 부여한다. 사람들의 표정을 보면서 본인이 생각하는 대로 판단하고, 그것이 객관적 사실이라고 결론 내리기도 한다. 그렇기 때문에 우리는 '대화 상대가 하는 말은 나를 거치면서 그가 말하려는 의도가 아닌 내가 부여한 의미로 나에게 받아들여지고 있다는 것'을 명심해야 한다. 적어도 교사라면 그래야 한다.

주변을 둘러보면 상대가 어떤 의도로 말했는지와 무관하게 '자기식대로' 해석해서 의미를 부여하는 대화 방식을 여러 관계에서 찾을 수 있다. 교사와 학생 사이에서, 부모와 자녀 사이, 학생들 간에도 볼 수 있고, 부부 사이에서도 흔히 일어난다. 여기서는 '선생님이 하는 말'로 주제를 한정하려 한다. '자기식대로' 해석하며 상호작용하는 과정은 교사와 학생 사이에 대입시키면 이해하기 쉽다. 즉, 학생이 하는 말을 들으며 교사는 본인 사고방식대로 받아들이고, 마찬가지로 학생은 교사의 말을 자신의 경험과 지식 안에서 이해한다.

그런데 초등학교에서 교사와 학생 사이 힘의 균형은 보통 교사 쪽으로 기울어져 있다. 그래서 둘의 관계에 조성된 틀을 깨는 일도 교사가 먼저 시작해야 한다. 교사에게는 변화를 시도할 수 있는 멋진 권한이 있고, 관계 변화의 출발선에 먼저 설 수 있는 우선권도 주어져 있다. 우리가 모임에서 내 말을 긍정적으로 해석하는 사람과 부정적으로 받아들이는 사람을 만난다고 치자. 이때 우리 마음은 자연스레 밝게 받아들이고 반응하는 사람에게 향하는 게 일반적이다. 교사와 학생의 관계에서도 다르지 않다. 학생이 하는 말을 긍정적으로 해석하고 수용하는 교사가 있다면 학생들은 그 교사에게 자연스레 좋은 감정을 가진다. 반대의 경우도 마찬가지다.

물론 다음과 같은 반론을 제기할 수 있다. '제대로 된 행동을 하지 않는데, 문제 행동을 하는 데 어떻게 좋게 보라고 하느냐?',

'그런 적이 없는데 어떻게 나를 배려해 줘서 고맙다고 하느냐?' 같은 질문은 교사나 부모들과의 상담에서 흔히 나온다. 학생들을 위해 애썼지만 실패와 좌절을 맛본 교사나 부모가 이런 감정을 가지는 것은 이해된다. 그런데 이런 질문을 하는 이들에게 가끔은 나도 묻고 싶었다.

학생(자녀)이 제대로 된 행동을 하는지 정말 자세히 보았는가? 혹시 그대가 보지 못한 경우는 없었는가?

나는 다양한 연수에서 만나는 교사들이 어려움을 토로하는 심정을 충분히 이해한다. 나 역시 학교라는 환경이 어떤지 차고 넘칠 만큼 경험했으니까. 돌보아야 할 학생들 수십 명이 제각각 움직이고, 수업이 기다리며, 처리해야 할 공문과 정리해야 할 서류가 쌓여 있다. 이뿐인가, 정신없이 쏟아지는 지시와 메신저의 홍수 속에 있다 보면, 우리는 평범하고 비교적 무난한 시간에는 주의를 기울이지 않게 된다. 대신 특별한 일, 특히 학생들이 다치거나 싸움이 일어나서 해결해야 할 때, 또 이에 준하는 큰일이 터졌을 때에야 그 학생을 돌아보게 된다. 학생이 문제 앞에 서 있을 때 그제서야 비로소 유심히 살펴보게 되므로 어떤 학생은 마치 하루도 빠짐없이 문제를 일으킨다는 착각을 할 수도 있다. 그래서 그 학생의 부모를 만나거나 학년 연구실에서 '또 철수가 이런저런 문제를 일으켰다'고 말하곤 한다.

그런데 따지고 보면 철수는 문제를 일으킨 그 시간 이외에는 잘 지냈다. 하지만 철수의 담임 선생님이나 부모의 눈에는 철수가 늘 문제를 일으키는 아이로 보일 뿐이다. 문제를 일으킬 때에야 자기 앞에 서 있는 철수를 보게 되고 그렇지 않은 대부분의 순간에는 철수에게 관심을 두지 않는 경우가 많기 때문이다. 그래서 철수가 잘 지내는 시간이 많다는 걸 생각하지 않거나 못한다. 그렇다 보니 철수가 무탈하게 지낼 수 있는 아이이며, 잘 지낸 때와 같은 상황이 주어지면 문제를 일으키지 않을 수 있다는 점을 놓치기 일쑤다.

여러 학교에 내 오랜 동료들과 선후배 교사들이 다양한 직책으로 근무한다. 그리고 나는 그들과 다양한 일을 함께 한다. ADHD 아동, 영재아로 판별된 아동, 학교 부적응 아동 등 다양한 학생을 돕기 위해 학교에서 부모와 아동, 담임과 관리자와 협력하면서 학생의 학교 적응을 돕는다. 때론 교사를 돕기 위해 가족상담이나 부부상담, 상담 컨설테이션을 진행한다. 현재 내가 하고 있는 '학교 밖에서 학교를 돕는 일'은 퇴직할 때 내가 꿈꾸었던 일이다. 교사로 재직하는 동안에도 시정하면 좋겠다고 생각한 부분들이 있었는데, 그중에서도 가장 중요하다고 여긴 점은 '교사의 관점이 보다 긍정적으로 바뀌는 것', 그리고 이어서 '교사가 하는 말이 변화되는 것'이었다. 이것만 제대로 해도 지금보다 훨씬 아름다운 학교생활이 가능하다는 확신이 있었다. 물론 거기에 학부모에게 그런 변화가 가능하다면, 더할 나위 없이 근사할 것이다. 나는 교사들이 봉급쟁이 이상의 의미와 가치를 가진 존재라는 믿음으로 학생들 앞에 서길 바란다. 그리고 그 시작은 교사들

이 학생들과 상호작용하는 기본이자 바탕이라 할 수 있는 '말'을
되짚어 보는 것에서 시작하면 좋겠다.

관점에 따라 달라지는 해석

배낭을 메고 오른손에 검정 봉지, 왼손은 우산을 들고 전철을 탔다. 서울 구로구 건강가정·다문화가족지원센터에서 상담을 마치고 학교로 돌아가는 길이었다. 퇴직 후 1년을 여행하며 쉬었지만 미뤄 둔 논문에 마음이 무거워 도로 대학원으로 돌아갔다. 논문을 쓰면서도 시간을 내어 상담을 다녔다. 그 시절을 떠올리면 목련꽃 그늘과 풍성한 잎을 매단 커다란 느티나무, 아름다운 저녁노을이 드리운 교정이 먼저 떠오른다. 생각해 보면 그리운 시절이다. 그날도 세 명의 내담자와 연속해서 상담을 하느라 오후 4시가 넘도록 한 끼도 먹지 못했다. 상담을 마치고 나오니 힘도 없고 속이 울렁거렸다. 학교로 돌아가 먹을 요량으로 전철역 입구에서 과일 두어 가지를 샀다.

그런데 온수역에서 내려 출구 방향을 찾아 두리번거리다가 그만 철퍼덕 엎어지고 말았다. 순식간에 일어난 사고였다. 승강장에 낮은 나무 벤치가 놓여 있었는데 나갈 길을 찾느라 보지 못한 것이다. 넘어지자마자 나도 모르게 벌떡 일어섰다. 배낭은 벗겨져 내동댕이쳐졌고 과일이 든 검정 봉지는 저만치에서 나뒹굴었다. 푹들어간 정강이에서 불이 나는 것 같았다. 언뜻 보니 피부는 벗겨지고 시퍼렇게 움푹 파인 다리에서는 피가 배어 나오고 있었다. 땅바닥에 쏠린 양 손바닥은 아리고 쓰라려서 미칠 것 같았다. 그러나 침착하게 배낭과 검정 봉지를 주워 들고, 아무렇지도 않은 척 입구 쪽으로 향했다. 내가 넘어지는 모습을 본 누군가가 있는지 궁금했지만 앞만 보고 걸었다. 다행히 지켜보는 사람이 없었는지 웃는 소리도, 걱정하는 소리도 들리지 않았다. 두 팔 벌려 큰절하듯 빨래를 걸쳐 놓은 것처럼 벤치를 안고 넘어진 모습은 좀처럼 보기 어려운 광경이었고, 만약 내가 그 모습을 봤다면 아픈 그 사람에겐 미안하지만 웃음부터 터져 나오지 않았을까 싶다. 그렇게 아프지만 웃긴 상황을 연출한 뒤 절뚝거리며 전철역을 나왔다.

지인들에게 이 이야기를 들려주며 "에스컬레이터를 타고 전철역 입구로 올라가면서 내가 무슨 생각을 했을 것 같아?"라고 물으면 대부분 약속이나 한 듯 지독히도 재수 없는 날이라고 여기지 않았냐고 답한다. 그런데 그날 내가 한 생각은 그게 아니었다. 오히려 정반대였다. '오늘 진짜 운이 좋았다.' 이게 솔직한 심정이었다. 일단 소리가 날 정도로 크게 넘어졌음에도 많이 다치지 않은 게 다행이었고, 우스꽝스러운 내 모습을 본 사람이 없다고 생각하니 덜 창피해서 좋았다. 봉지 안에 있던 플라스틱 용기의 뚜껑이 완전히 열리지 않았기에 주워 담아야 했던 방울토마토는 열개가 되지 않았고, 무엇보다 배낭 속에 있던 음료수 병이 깨지지 않고 멀쩡하다는 건 기적에 가까운 일이었다. 배낭이 바닥을 칠 때 깨지고도 남을 소리가 났기 때문이다. 한 푼이 아쉬운 내담자 한 분이 상담해 줘서 고맙다고 건네준 음료수가 가방 속에, 그것도 중요한 책과 서류들과 랩톱과 같이 들어 있었다. 그런 상황에서 아무 피해도 없다니 다행도 그런 다행이 없었다. 끈적거리는 음료수가 가방 안에 쏟아져 책과 서류를 적시고, 랩톱에 스며들기라도 했더라면…. 또 좋아하는 가죽 배낭 안에 이리저리 박혀 있을 유리 조각을 치우는 모습은 상상조차 하고 싶지 않았다.

우리가 사는 환경을 내 맘대로 할 순 없지만 그 속에서 살아가는 내 마음의 주인은 바로 나다. 세상에 일어나는 일을 내가 다 통제할 순 없지만 내 마음을 조절하고 다루는 건 가능하다. 신입생 개개인이 지닌 특성에 따라 기숙사를 배정하는 분류모자가 해리 포터를 슬리데린으로 배정하려고 했을 때, '슬리데린은 안 돼! 슬리데린은 안 돼!'라며 강력한 의지를 표시함으로써 해리가 결국 그리핀도르 기숙사생이 되었듯, 우리에게는 적극적 선택이라는 강력한 마법을 부릴 수 있는 순간이 있다. 하루 중 겪는 일도 내가 모두 결정할 순 없지만, 벌어지는 일에 대해 어떻게 대처하고 해석할지는 나에게 달려 있다. 온수역에서 넘어진 일은 하나의 상황을 두고 사람들이 다르게 생각할 수 있음을 보여 준다. 문제와 단점보다 좋은 쪽으로 해석하면 녹록지 않은 하루에도 좋은 일들이 여럿 숨겨져 있음을 알게 된다.

하루 24시간은 짧으면서도 아주 많은 일이 일어날 수 있는 시간이기도 하다. 톰 하트먼이 쓴 『우리 문명의 마지막 시간들』에 다음과 같은 구절이 나온다.

> 어제 이 시간 이후 24시간 사이에 20만 에이커의 열대우림이 지구상에서 사라졌다. 1300만 톤의 유독성 화학 물질이 우리의 환경 속으로 방출되었다. 그리고 4만 5,000명 이상이 굶어 죽었다. 이 가운데 3만 8,000여 명이 어린이들이다. 그리고 우리가 환경에 미친 영향 때문에 130여 종이상의 동식물이 사라졌다. 이것이 모두 단 하루 만에 일어난 일이다.

이 글에는 안 좋은 소식만 담겨 있는 것 같다. 그런데 같은 하루 동안 지구에는 긍정적이고 생산적인 일도 아주 많이 일어났을 것이다. 단지 우리가 거기에 귀 기울이고 있지 않아서 모를 뿐이다. 우리가 살아가는 세상에는 단 하루 동안에도 아주 다양하고 많은 일이 일어날 수 있다. 우리 각자의 하루도 크게 다르지 않다. 만약 내가 어떤 하루에 대해 일기를 쓴다고 가정해 보면 아마도 두 가지 버전으로 쓸 수 있을 것이다. 먼저 부정적인 일로 가득한, 그러니까 재수 없는 하루 버전이다.

학교에서 집으로 오는 길 출퇴근 시간과 겹쳐 평소보다 많이 밀렸다. 톨게이트를 통과한 직후, 갑자기 방향을 틀며 질주하다가 멈춘 미친 것 같은 차를 만나 큰 사고가 날 뻔했다. 놀란 마음이 풀리자 갑자기 운전을 할 수 없을 정도로 피곤이 몰려왔다. 집으로 오는 길이 정말이지 멀게만 느껴졌다. 집에 도착하니 식구들은 어디서 무얼 하는지 아무도 들어오지 않았고, 씻지 못한 몸은 지저분했다. 커피 한잔을 내렸으나 지독히도 맛이 없었다. 지친 몸을 기대니 소파 한쪽에 어제 놀러 왔던 지인이 개어 둔 수건이 여전히 뒹굴고 있다. 예전 브런치brunch라는 곳에 올려 둔 글 하나가 뜬금없이 메인화면에 떴으며, 멀리서 공부 중인 둘째는 이제야 적성을 발견한 것 같다고 말했다. 나이가 몇인데 지금에서야 말이다. 그리고 다시 내린 커피는 이번에는 도통 싱거워 다시 내려야 했다.

두 번째 버전의 일기는 긍정적인 관점에서 밝은 면에 초점을 맞춰서 쓸 수 있다. 아래처럼 말이다.

학교에서 집으로 오는 길, 통행료가 할인되었다. 고속도로 톨게이트를 지나면서 갑자기 방향을 틀어 질주하다가 멈추는 이상한 차를 만나 심장이 멈출 듯이 놀랐지만, 운 좋게 부딪치지 않았다. 하늘이 도왔다. 긴장이 풀려 피곤할 때쯤 졸음쉼터를 발견했고, 한숨 자고 나니 머리가 개운해져 안전하게 운전할 수 있었다. 집에 오니 따뜻했고, 식구들이 없어 나를 방해하는 일 없이 조용했다. 따뜻한 물로 샤워를 하고 개운한 마음으로 소파에 앉으니 수건을 개어 놓은 지인의 흔적이 남아 어제의 따스했던 만남을 되새기게 해 준다. 적절한 때에 좋은 생각이 나서 기운이 돌기 시작했으며, 예전 브런치에 올려 둔 글 하나가 메인화면에 떴다. 이게 무슨 일인가? 놀라우면서도 즐겁다. 오디오에서 비발디의 「사계」 중에서도 가장 좋아하는 '겨울' 파트가 흘러나오고, 멀리 있는 둘째 아이는 드디어 제 적성을 발견한 것 같아 기쁘다는 소식을 전해 왔다. 이제라도 자기 재능을 발휘하며 살아갈 수 있는 길을 발견했다니 대견하다. 처음 내린 커피는 실패하고 다시 내린 커피도 싱거웠지만, 마지막에는 진하고 맛있는 커피를 마실 수 있었다.

　하루만 훑어보아도 이렇게 밝고 다행인 일이 적지 않다. 그런데도 이 모든 좋은 장면 대신 악몽 같았던 하나에 매달린다면 우리의 삶은 어떨까? 그리고 그런 일이 지속적으로 반복된다면? 삶은 끔찍한 사건으로 점철된 매일이 되지 않을까. 하루뿐 아니라 하나의 사건에서 뽑아낼 수 있는 해석 또한 여럿이다. 문제를 곱씹는 사람에게는 문제로 그득한 삶이 펼쳐지고, 좋은 일을 떠올릴 줄 아는 사람에게는 둥둥 떠다니던 좋은 일이 어깨에 내려앉는다. 에밀리 디킨슨도 말하지 않았던가.

　"좋은 일들은 그것을 기억하려는 사람들에게 일어난다."

　이 말에는 진정 좋은 것을 보려는 자들의 자신만만한 믿음과 낙관이 흐르고 있다. 나도 그런 사람 가운데 한 명이 되고 싶다. 이 글을 읽고 있는 그대는 어떤가?

12 눈부신 가을날, 교사들과 함께한 시간

"저희 도착했습니다."

휴대폰으로 문자가 도착했다. 이곳은 충북 괴산의 한 아름다운 숲이다. 숲속에 자리한 교육장의 마당에서 아래를 굽어보니 빨간색 버스 한 대가 마을 입구에 섰다.

'차로 좀 더 올라와서 비포장길부터 걸어도 되는데 저기서부터 걷다니…'

애가 타서 산길을 내려갔다. 길가에 핀 산국 향기가 코를 찌른다. 언제 맡아도 황홀한 노란 국화 향기가 지천인 날, 눈에 익은 얼굴이 여기저기에서 나타났다. 일주일 전에는 대구교육연수원에서 초등 교사 대상으로 '해결중심 교사상담 워크샵'을 진행했고, 이번 주에는 이어서 1박 2일 과정의 '해결중심 교사상담 컨설테이션'을 실시하려는 참이다. 대구교육연수원에서 했던 강의가 인연이 되어 만들어진 특별한 프로그램이었다.

2016년 여름 대구교육연수원, 교사 연수가 한창 이루어지는 강의실 뒤쪽 구석에 노신사 한 분이 앉아서 열심히 강의를 듣고 있었다. 1급 정교사 취득을 위한 자격 연수였기 때문에, 어느 학교의 교감 선생님이나 교장 선생님이 청강하는가 보다 생각했다. 어린 교사들 틈에서 세 시간 동안 경청하는 모습을 보면서 '어떤 학교인지는 모르겠지만, 저 학교는 앞서가는 면이 있겠구나' 싶었다. 그런데 나중에 알고 보니 그분은 대구교육연수원의 연수원장님이었다. 그날 강의가 끝난 뒤 연수 담당 장학사가 와서 구내식당에서 식사를 하고 가라고 권했다. 집으로 가려면 먼 길이라 잘 됐다 여기며 식당에 갔는데 아까의 노신사가 한쪽에 있었다. 담당 장학사는 나를 그리로 안내했고, 나는 밝게 웃으며 인사를 했다. 그분은 자신을 이 연수원의 원장이라고 소개했다. 깜짝 놀랐다. 내 강의를 처음부터 다 듣고, 또 나를 직접 만나고 싶다고 한 것은 전혀 예상하지 못한 일이었다.

연수 담당 장학사와 셋이 점심 식사를 하며 즐겁게 이야기를 나누다가 구내 커피숍으로 자리를 옮겨 대화를 이어 나갔다. 내가 오늘 강의한 해결중심접근에 대한 이해가 높고 학교에서 유용하다는 점에 적극 동의했던 터라 이야기가 잘 통했다. 원장님은 내가 강의하는 내용을 많은 교사들이 들을 수 있도록 동영상으로 제작해서 배포하면 어떨지 물었다. 그런데 나는 그건 어렵다고 했다. 어떤 면으로는 도움이 되었을지도 몰랐지만 그때의 판단으로는, 교사들이 그 내용을 강의식으로 듣는다면 일방적으로 전달하는 수백 개 중 하나의 강의처럼 될 터이고, 온라인으로 듣는 그 강의를 통해 교사들이 과연 얼마나 내용에 동의하고 필요한 시도를 할까 하는 의문이 일었기 때문이다. 또한 웃긴 이유 같지만 나는 그 당시 크게 아팠다가 회복 중이어서 불과 두 달 전에 비해 15킬로그램이나 몸무게가 불어나 있었고, 나를 아는 누가 보아도 병자처럼 퉁퉁 부은 얼굴이었다. 그래서 그 모습을 동영상으로 남기는 일에도 적극 나서기가 쉽지 않았다. 가끔은 나의 판단과 다르게 세상은 흐른다. 돌이켜 보면 어떤 시작에는 용기가 필요한 법인데, 당시 나는 그런 이유 속에 나를 숨겼다.

다시 원래 이야기로 돌아와, 잔뜩 짐을 든 교사들과 함께 산길을 올랐다. 한 주 전에 만난 선생님들을 다른 곳에서 보니 가슴이 뭉클했다. 선생님들은 산길을 오르는 내내 들 떠 있는 모습이었다. 마치 여행 온 기분이 나는지 표정들이 밝았다. 교사들의 얼굴이 산 이곳저곳에서 붉게 물들기 시작한 단풍나무, 돌배나무, 산뽕나무 잎들의 색처럼 반짝였다. 그들은 학생들로 북적이는 교실이 아니라 휴식을 취할 수 있는 여유롭고 자연 친화적인 환경에서, 교실에서 다루기 어려운 학생 사례를 실제로 컨설팅 받을 예정이었다. 흔히 접할 수 있는 연수는 아니었지만 그들에게 필요한 내용이기에 교사들이 가치를 알아볼 거라 여겼던 기획 의도가 맞아떨어지고 있구나 싶었다.

내가 아는 한 그때까지 이런 방식의 교사 연수는 이루어진 적이 없었다. 아무리 좋은 연수 내용이고 자발적으로 신청한 교사 연수라고 해도 강의식으로 실시되는 연수에서는 그 내용을 실생활에 적용하기에 한계가 있었다. 강의를 들을 땐 고개를 끄덕이지만 막상 교실로 돌아가면 '반드시 실행해 보리라' 다짐했던 마음은 희미해지고 만다. 기존의 천편일률적인 교사 집합연수의 한계를 넘어서고자 1박 2일 동안 숙식을 함께하며 '해결중심 교사 상담 컨설테이션'을 기획했다. 이 프로젝트는, 워크샵을 통해 익힌 이론과 기술을 학급에서 실제로 활용할 수 있도록 하자는 담당 장학사와 내가 의기투합해 만들어 낸 결실이다.

일주일 전에 실시한 교사 상담 워크샵 후속 프로그램으로, 교사들이 강점관점 해결중심의 시각으로 학급에서 학생들을 만날 수 있도록 하는 게 목적이었는데, 이틀 동안 이루어지는 '해결중심 교사상담 컨설테이션'의 주요 작업 테마는 두 가지였다. 초등학교 교사들이 학급에서 해결중심의 시각으로 학생들을 만날 수 있도록 첫째, 교사들이 사용하는 말을 점검한 뒤 긍정적인 표현을 찾는 작업을 하고, 둘째 작업으로는 참가자별로 학급에서 다루기 어려운 사례 하나를 해결중심적으로 접근할 수 있도록 구체적으로 컨설테이션 하는 것이었다. 이론과 해결지향적 질문, 기법 등은 이미 다루었기 때문에 여기서는 학급에서 실천하는 방법에 초점을 두고 진행하는 것이 1박 2일 동안 실시되는 '해결중심 교사상담 컨설테이션'의 골자였다.

　본격적으로 연수가 시작되었다. 먼저 교사들과 오리엔테이션을 거쳐 첫 번째 작업을 시작했다. 학급에서 해결지향교사의 관점으로 학생들을 만날 수 있도록 교사들이 사용하는 말을 점검하는 프로그램이었다. 먼저 교사들은 내가 제공한 자료를 활용해 두 사람씩 짝을 지어 문장을 주고받는 연습을 했다. 한 사람이 문장을 읽으면 그 문장에 대해 응답을 하는 것이다. 한 번은 부정적으로, 또 한 번은 긍정적으로 응답한다. 문장을 읽어 주는 사람은 자연스럽게 두 번의 응답을 짝으로부터 듣는다. 그리고 역할을 바꾸어 문장을 읽어 주는 사람과 반응을 듣는 체험을 한다. 교사들은 문장을 주고 긍정적, 부정적 두 가지 응답을 듣는 실습을 하는 첫 번째 작업에서, 대화 상대가 부정적으로 말할 때와 긍정적으로 말할 때 자신이 어떤 감정을 느끼는지 경험하게 된다. 또한 상대와 문장을 주고받으며 반응하는 이 체험에서 평소에 자신이 어느 정도로 부정적인 말을 사용하고 있는지도 확인한다. 첫 번째 작업을 하면서 대부분의 교사들은 본인에게, 가족에게, 그리고 학생들과 주변인에게 자신이 거의 부정적인 말을 많이 쓰고 있음을 깨닫는 경우가 많다. 그리고 자신의 말을 듣는 상대가 누구든 자신의 말 앞에서 좋은 감정을 가지기 어렵다는 사실을 자각한다. 그리고는 자신의 관점, 사용하는 말이 부정적이라는 사실에 놀란다. 이 작업을 마칠 때쯤이면 여기저기에서 반성과 자조 섞인 교사들의 말소리가 들린다.

첫 번째 작업은 여기서 끝나지 않았다. 다음으로 교사들은 학생들에게 일상적으로 사용하는 문장들, 그중에서도 부정적인 표현들을 팀별로 모으고, 수집한 모든 문장을 긍정적인 표현으로 다시 작성하는 일명 긍정적 재명명 작업을 수행했다. 이 과정에서 교사들은 자신이 학급에서 얼마나 부정적인 문장을 사용하는지 다시 놀란다. 또 그 부정적인 말을 긍정적으로 바꾸는 일이 생각보다 쉽지 않다는 것도 알게 된다. 나는 교사들에게 부정적 문장을 학생들에게 지속적으로 사용한다면 학생들은 교사에 대해 어떤 감정을 느낄 것 같은지 생각해 보도록 유도했다. 보통 이 단계에 이르면 교사들은 지난 자신의 행동이 무척 낯부끄럽다고 말하곤 한다. 첫 번째 작업에서 이루어지는 이런 과정은 부모교육이나 부부상담 등에서도 가끔 활용하는데, 그때마다 이들이 보여 주는 반응은 교사들의 그것과 다르지 않다. 아니 거의 흡사하다. 서로 다른 대상인데도 보여 주는 모습이 너무나 닮아 신기할 정도다.

교실에는 많은 학생들과 교사가 함께 생활한다. 서른 명에 가까운 학생들이 저마다 다른 개성을 뽐내기 때문에 교실은 대체로 소란스럽다. 그래서 교사들은 수시로 아이들을 조용히 시키고, 주의를 집중시켜야 한다. 또 학생들은 시시때때로 친구와 다투거나 고자질하거나 수업을 듣지 않거나 방해하는 등의 행동을 하므로, 교사는 학생의 문제적인 행동을 제지시켜야 하는 경우가 많다. 사정이 이렇다 보니 자연스레 지적하고, 꾸중하고, 학생이 무슨 잘못을 했는지 알도록 만드는 데 치중하게 된다.

이날 컨설테이션에서 교사들이 한 첫 번째 실습은 결코 쉽지 않은 작업이다. 문제중심 접근에 익숙한 우리 대부분은 거의 습관처럼 부정적인 말을 먼저 사용한다. 그렇기 때문에 부정적 문장을 긍정적 문장으로 바꾸는 작업은 보기보다 상당히 까다롭다. 이 일은 혼자 하면 더 어렵고 막막한데, 그래도 같은 초등 교사끼리 팀 작업을 하면 한결 낫다. 그리고 처음에는 매우 낯설고 어려워 보이지만 몇 개의 부정적인 문장을 긍정적인 문장으로 바꾸다 보면 어떻게 해야 하는지 감을 잡을 수 있다. 요컨대 난이도는 높은 편이지만 훈련하고 노력한 만큼 성과도 나온다.

다음 날은 아침 일찍부터 바빴다. 아침 식사가 시작되기 전 참여 교사들은 내가 제시한 과제를 해결해야 했다. 이 과제는 이어지는 시간에서 활용된다. 아침 식사 후에는 '해결중심 교사상담 컨설테이션'의 두 번째 작업이 기다리고 있었다. 모든 참가자들을 두 그룹으로 나누고, 한 그룹씩 나를 포함한 전문가 2인이 맡아서 상담 컨설테이션을 진행했다. 모든 참가자들이 가져온 한가지 사례를 중심으로 구체적으로 어떻게 다루고 상담을 진행하는 것이 좋은지, 실습과 현장에서 활용할 수 있는 긍정적인 문장을 찾도록 팀을 이끌었다. 어떤 교사는 학생 사례 대신 자녀의 문제를 다루고 싶어 하는 이도 있었다. 그 어떤 사례도 상관없었다. 우리가 사는 세상에는 늘 많은 일이 일어나기 때문이다. 교사들은 이 두 번째 작업 또한 무척 도움이 되었다는 피드백을 주었다. 이미 예상한 바였다. 학교로 찾아가서 상담 컨설테이션을 실시할 때마다 참여 교사들로부터 대부분 긍정적인 말을 들었던 터라 이런 반응을 예측하는 것은 그리 어려운 일이 아니었다.

1박 2일 합숙을 하며 실시한 연수에서 교사들은 적극인 모습을 보여 주었다. 전형적인 전달식 연수에서 흔히 볼 수 있는 모습이 아니었다. 밤늦게까지 교육이 이어졌음에도 참여하는 교사들의 태도는 진지하고 열정이 넘쳤다. 이럴 때 교사들과 일하는 것이 무척 뿌듯하다. 적극적으로 배우고 알아가는 교사들을 보면 누구보다 현명하고 지혜롭다는 생각이 든다. 그 모습이 마치 나의 모습이기라도 한 듯 자랑스럽고 가슴이 벅차다. 정성스럽게 마련한 식사, 자유롭고 공감 어린 담소, 맑고 향기로운 숲 산책, 한껏 지지해 주는 사람들과 함께하는 시간은 나에게도 특별했다.

다음 날 오후, 숙소 앞에서 마지막 인사를 나누고 산길을 내려가는 그들의 뒷모습을 바라보자니 눈물이 핑 돌았다. 단풍나무 잎이 속절없이 바람에 날리고, 노란 산국향기가 숲을 감싸던 날, 그렇게 오래 준비했던 도전적인 프로젝트가 끝났다. 며칠 간격으로 학교로 돌아간 교사들이 여기저기에서 희망찬 메일을 보내왔다. 내용으로 보아 2주에 걸친 이번 프로젝트의 결과는 기대 이상의 성과를 거뒀다. 선생님들이 보내준 소식은 스산해지는 가을을 상쇄하고도 남을 선물이었다.

흔들리는 당신,
시프트SHIFT 하라!

13 문제중심에서 해결중심으로

오후 2시에 시작하는 상담 컨설테이션 시간에 맞추어 강의장으로 갔다. 담당교사에게 안내받은 대로 5학년 2반 교실에 들어서니 세 명의 교사가 앉아 있다. 어떤 때는 5분씩 10분씩 늦게 오는 교사도 있고 종료 시각보다 일찍 가는 경우도 있는데, 시작 전에 모인 선생님들을 보니 기대가 되었다. 인사를 하고, 진행방식을 안내했다. 참가자들의 고민거리들을 궁금해 하며 상담 컨설테이션을 시작했다.

> 나 (진행자): 이미 자료를 통해 안내해 드린 바와 같이 우리는 여섯 번을 만나는 동안 각자가 고민하고 있는 사례를 지속적으로 다룰 겁니다. 참석 인원이 세 명이기 때문에 각각의 사례를 총 여섯 번에 걸쳐 자세히 짚어 볼 텐데요, 중간에 더 이상 다

루지 않아도 되겠다고 판단하시면 새로운 사례를 시작할 수 있습니다. 그러니 세 분이 여섯 번의 교육 동안 서로 배우고, 전체 과정이 끝날 즈음에는 교실에서 활용할 수 있기를 바랍니다. 그럼 지금부터 각자 고민하고 있는 사례를 말씀해 보시겠어요?

A: 저는 철수라는 아이가 있는데 얘를 어떻게 다루어야 될지 모르겠어요. 하나부터 열까지 제 허락 없이는 아무 것도 못하는 게 아닌가 싶어요. 정말 귀찮고, 제가 쳐다보지 않으면 애가 안절부절못하는 게 느껴져요.

B: 저는 학부모 때문인데요. 일이 있어서 연락할 때마다 영희 어머니가 저를 대하는 태도가 영 마음에 걸려요. 전화로 이야기를 조금 하다 보면, 진짜 화가 날 때가 많아요. 학부모들과 평소에 하는 상담이라고 해야 하나 그럴 때 어떻게 하는 게 좋을지 잘 모르겠어요. 자칫하면 관계가 악화되고 해서요.

C: 저는 한 학생의 행동 때문에 정말 학교생활이 괴로워요. 툭하면 싸우고, 잠시만 제가 관심을 소홀히 하면 어느새 다른 친구와 다툰다고 친구들이 이르러 와요.

'학급에서 다루기 힘든 학생을 어떻게 할지', 그리고 '학부모와 상담을 어떻게 해야 하는지' 같은 주제는 교사들이 많이 고민하는 문제다. 학생의 행동 문제는 그리 새롭지 않은 주제이지만 학부모와의 상담, 관계, 갈등 등에 대해 도움받고 싶어하는 경우는 전에 비해 확연히 많아졌다. 초등학교에서는 매 학기마다 1회씩 학부모상담을 실시하도록 되어 있어 전체 학생의 부모를 개별적으로 만나게 되는데, 이 제도가 실시되면서 초등 교사들은 나를 만날 때면 효과적인 학부모상담에 대해 묻는 경우가 많다. 학부모상담을 제대로 했는지 자신 없어 하면서 어떤 내용이 중심이 되어야 하는지 혼란스러워하는 교사도 적지 않다. 아무런 고민 없이 자신의 방식이 옳다고 고수하는 태도보다는 고무적이라 생각하면서 나는 강점을 기반으로 한 해결중심접근을 교실에서 활용하도록 일러 준다.

1987년 김인수와 스티브 드세이저Steve de Shazer가 한국에 처음 소개한 '해결중심접근'은 현재는 상담 이외에도 교육, 사례관리, 슈퍼비전 등 다양한 교육 현장에서 활용되고 있을 정도로 실용적이며 효과적인 방법이다. 그런 만큼 교사도 학생과 학부모를 포함해 자신과 가족 그리고 동료 등 교사가 맺고 있는 다양한 관계에 두루 적용할 수 있다고 본다. 학교를 배경으로 한 해결중심접근을 활용한 연구도 다양하다. 음악치료, 미술치료, 독서치료 등과 결합해 집단 프로그램의 형태를 취하는 경우가 많고, 학생 돕기 위해 가족상담을 실시한 사례가 보고되기도 한다. 최근에 나의 경우는 전형적인 해결중심가족상담에 학생의 흥미와 호기심을 자극하는 동시에 재미와 움직임을 좋아하는 학생의 발달적 특성을 고려한 '심리운동'을 결합해서 상당한 성과를 거두기도 했다.

전통적으로 우리 사회는 개인이나 조직이 보이는 병리적인 현상에 초점을 두는 '문제중심접근'을 취해 왔다. 문제중심 접근은 "문제의 원인을 알면, 전문가가 그 문제를 효과적으로 해결하는 전략을 찾을 수 있다."라는 주장을 전제로 한다. 학교에서 학생에게 발생하는 문제라면 말썽의 원인을 알아내어 고치면 문제가 해결된다고 보는 방식이다. 이와 같은 문제중심 접근을 학교에 적용해 보면 문제를 해결할 수 있는 전문가는 교사이며, 학생에게 필요한 해결책이 무엇인지 알고 학생에게 유익한 것을 교사가 제공하는 것이 옳다고 본다. 이 점만 봐도 강점에 초점을 맞추는 해결중심접근과는 사뭇 다른 방법임을 알 수 있다.

오늘을 사는 우리 대부분은 성장하는 동안 학교나 가정에서 문제에 초점을 맞춘 교육을 받았다. 부모이자 교사였던 나 또한 문제중심으로 양육하고 교육했다. 학급에서 소위 문제를 일으키는 학생이 있으면 왜 그 학생이 문제를 일으키는지 원인을 찾고, 그 원인을 설명하려 했으며, 원인이 사라져야 학생의 문제가 사라질 거라고 보았다. 의사가 환자의 증상에 따라 약을 처방하는 것처럼 문제가 어디서 비롯되는지 정확히 알아야 효과적으로 개입하고 도움을 줄 수 있다고 생각했기 때문이다. 그래서 학생이 언제 누구와 어떤 식으로 얼마만큼 문제를 일으키는지 자세히 살피면서, 학급에서 문제 상황이 어떻게 발생하는지 최대한 많은 정보를 구하고 기록을 남겼다. 그리고 이를 토대로 학생의 문제 행동에 대한 원인을 규명하려고 했다. 정리하자면, 정확한 진단과 처방을 통해 학생에게 발생한 문제가 해결될 수 있다고 믿으며, 그 원인을 없애거나 줄이기 위해 설명하고 가르치는 데 많은 시간을 썼다. 나뿐만 아니라 상당수의 교사와 부모가 그랬고, 지금도 이 방식을 취하는 경우가 많을 것이다.

오랜 인류 역사를 보면 인간이 생존하기 위해서는 목표에 방해가 되는 요소들을 제거하는 전략이 유리했다. 문제중심 접근이 우리에게 익숙하고 몸에 배어 있는 이유도 여기에 있다. 이 방식은 우리로 하여금 어떤 상황에서든 문제를 먼저 보도록 훈련시켰다. 문제를 먼저 찾고 원인을 분석하도록 유도했다. 우리는 자연스레 어떤 상황에서든 재빠르게 문제를 포착할 줄 아는 '문제 전문가'가 되었다. 그 결과 학교나 가정에서도 어떤 교육 방식과 양육 태도가 소위 문제아를 만들어 내는지 알게 되었다. 그래서 학생을 변화시키겠다는 의도로 그 학생의 단점이나 잘못된 점을 세세하게 지적하며, 왜 그런 행동을 했는지, 왜 해서는 안 되는지 반복적으로 강조하곤 한다.

해결중심접근은 지금까지 내가 다양한 학교 환경에서 시도해본 결과 학급에서 활용하기 매우 적합한 방법이다. 상담의 영역에서 해결중심접근은 '문제를 가진 내담자라 할지라도 자신의 문제를 해결할 수 있는 능력과 자원을 이미 가지고 있다'는 신념을 토대로 내담자를 돕는다. 그렇기 때문에 해결중심접근을 기본적인 상담접근법으로 쓰는 상담자는 문제를 가진 내담자일지라도 자신이 겪고 있는 문제를 해결할 수 있는 능력과 자원을 가지고 있으며, 그 문제를 해결할 수 있는 자신만의 방법을 알고 있다고 믿는다. 그리고 자신의 강점과 자원을 인식하도록 조력해 스스로가 원하는 목표를 발견하고 성취해 나갈 수 있도록 돕는다. 만약 이러한 과정을 학교 상황에서 적용한다면, 교사 또는 교사에 준하는 사람들은 학생들이 어떤 문제 행동을 보이더라도 그 학생이 자신의 문제 행동을 변화시킬 수 있는 자원을 이미 가지고 있다고 본다. 다만 학생은 본인이 문제를 해결할 수 있는 힘과 자원이 있다는 걸 알지 못하기 때문에, 교사는 학생의 문제 보다는 문제 아닌 점들, 예외를 찾아서 학생이 문제를 스스로 해결해 나가도록 돕는 것이다.

해결중심접근을 실천하는 교사는 학생을 학생 본인에 대한 전문가로 존중한다. 다시 말해 학생과 문제 해결을 시도할 때 해당 학생을 그저 교육의 대상으로 보지 않고 오히려 학생이 자신을 잘 알고 있다고 생각한다. 따라서 학생의 문제에 개입할 때도 교사의 기준으로 판단하기 보다는 학생이 어떤 의도에서 행동을 했는지 묻고, 학생의 말을 경청하고, 교사가 문제에 대한 해결책을 제시하는 게 아니라 학생이 어떤 자원과 강점을 가지고 있는지 배우려는 학습자의 역할에 충실하다. 물론 교사는 학생에게 지식을 전달하고 필요한 바를 제안할 수 있지만, 이는 어디까지나 학생 또한 자기 삶의 여정과 경험을 통해 얻은 고유한 지식이 있다는 점을 존중하는 선에서 이루어진다.

교사의 역할은 학생들에게 교과서의 지식을 전달만 하는 게 아니다. 교사는 학생 앞에 선 어른으로서 삶의 모델이 되고, 끊임없이 자신을 성장시키는 모습을 보여야 한다. 그렇다고 성인군자가 되어 결점 없이 살아야 한다는 뜻이 아니다. 교사는 어제보다 오늘 더 나아지기 위해 스스로 묻고 답을 찾으며 치열하게 성찰하는 존재가 되어야 한다는 뜻이다. 요즘 같은 환경에선 이런 요구가 일방적이라고 생각할 수도 있다. 그러나 쇠를 뜨거운 불에 달군 후 두드려서 단단하게 하듯이 꾸준한 자기 단련을 통해 우리는 같은 일도 다르게 해석할 수 있는 통찰의 눈을 뜰 수 있다.

'매일 학생들에게서 벌어지는 골치 아픈 일'은 다르게 보면 '교사로서 성장해 나갈 수 있는 시프트SHIFT 키'다. 쉬운 일은 아니지만 교사로서 이런 해석이 자연스레 가능해지는 날이 온다면, 그대가 서 있는 곳이 어제와 같을지라도 그대는 이미 어제보다 한껏 성장한 교사다.

14 해결중심접근에서 말하는 '예외'의 힘

앞에서 말한 바와 같이 실천하면서 느꼈던 점은 내담자가 달라지기 시작하는 것이 종종 관점의 변화에서 비롯된다는 점이었다. 즉 해결중심접근에서 확인할 수 있었던 변화를 위한 키포인트는 내담자가 가지고 있었던 부정적인 관점이 보다 긍정적으로 변화하는 것에서 시작되었다. 같은 장면이라 하더라도 부정적으로 보던 과거와 다르게 긍정적으로 보기 시작하는 것이다. 교사들의 경우에도 다르지 않다. 즉, 달라진 것이 없는 같은 상황을 이전과는 다른 눈으로 보면서 긍정적으로 재명명할 수 있게 될 때 나는 그들이 변화하기 시작했다고 보았다. 이는 내가 교사들과 상담 컨설테이션을 실시할 때마다 보고 듣고 확인할 수 있었던 사항이다. 어려움을 호소하던 교사가 학생의 문제를 어렵지 않게 다루게 되는 때가 오는데, 그때는 바로 교사가 문제를 일으키는 학생을 바라보는 관점이 변화할 때였다. 이전에는 학생의 문제 행동에 초점을 맞추었다면 이제는 문제를 일으키지 않을 때를 주로 보거나, 같은 행동이라도 과거에는 부정적으로 해석하다가 현재는 다르게 받아들이며 참여 교사가 변화한다. 이런 모습은 부부상담 가족상담, 그리고 개인상담에서도 마찬가지로 찾아볼 수 있다.

그런데 해결중심접근에서 말하는 관점의 변화를 불러일으키는 방법은 뭐가 있을까? 거기에는 여러 창의적인 방법이 사용된다. 나의 경우 썼던 방법은 해결중심접근에서 사용하는 전형적인 방법이었다. 해결중심접근 상담에서는 변화를 위한 해결책을 구축하는 방법으로 예외를 탐색함으로써 내담자들이 원하는 변화를 돕는다. 해결중심접근에서 예외를 탐색하는 데는 정해진 순서가 있다. 즉, '끌어내기Elicit확대하기Amplify강화하기Reinforce다시 시작하기Start again'의 순을 따른다. 학급에서 예외를 탐색할 때 나는 학생이 어떤 예외가 있는지 찾고 그것을 구체적으로 살펴보고 직접적 간접적 칭찬을 통해 강화함으로써 학생이 그 행동을 지속하도록 도왔다. 그리고 또 다른 예외는 무엇이 있는지 다시 찾는 방법으로 예외를 탐색했다. 이런 과정을 거치면 보통 학생들은 대부분 긍정적으로 변화한다. 그래서 교사들을 대상으로 상담 컨설테이션을 실시할 때도 이 방법을 안내하고 훈련시킨다. 교사들은 학생에게서 예외를 찾아도 이를 어떻게 다르게 볼지 처음에는 감을 잡지 못하기 때문에 나는 긍정적으로 재명명하는 방법을 시범적으로 자주 보여 준다. 이런 과정을 통해 그들도 점차 예외를 탐색하는 것에 익숙해진다. 문제라고 보던 행동을 긍정적으로 재명명할 수 있으면 교사들은 학생의 문제를 어렵지 않게 다룰 수 있게 된다. 이것이 나는 예외가 가진 파급력이라고 믿는다.

그렇다면 학생들과 생활하는 학급에서 교사가 일상적으로 이런 방식을 사용하려면 어떻게 하면 좋을까? 여기에서 잠시 내가 썼던 방식을 구체적으로 소개하고자 한다. 먼저 나는 학생이 문제 행동을 하더라도 일단 잘못이나 문제 행동에 집중해서 그 행동을 물고 늘어지지 않았다. 그 문제 행동은 그제도 어제도 있었던 일이었다고 생각하고 일단 눈을 딱 감고 제쳐 두고, 그 외의 칭찬할 만한 행동을 먼저 언급했다. 분명 꾸중을 예상했는데 선생님이 칭찬을 하면 학생의 태도가 조금 달라진다. 잔뜩 방어적이던 모습에 반성하는 태도가 보인다. 얼굴을 보면 눈으로 확인할 수 있을 정도로 표시가 난다. 그리고 "어떤 일로 선생님이 너를 부른 것 같아?"라는 말을 넌지시 건네면, 잘못된 행동을 꼬치꼬치 지적하지 않아도 학생은 보통 자신의 잘못을 솔직하게 말하고 앞으로 어떻게 하겠다는 다짐도 한다.

이미 눈치챘겠지만 내가 잘못한 학생을 불러 놓고도 그 잘못을 꼬치꼬치 캐묻고 혼내기보다 학생이 잘못한 그 외의 칭찬할 만한 행동을 조명한 것, 이것이 바로 해결중심접근에서 말하는 '예외'를 학생들에게 적용하는 방법이었다. 예외는 하나일 수도 있고 수십 개일 수도 있다. 나는 학생 한 명 한 명을 수시로 관찰하면서 예외의 순간이 눈에 띌 때마다 기록해 뒀다. 그리고 필요할 경우가 오면 그중에서 두어 가지씩 활용했다. 또 학생의 문제 행동을 '긍정적으로 재해석하고 그 행동을 긍정적으로 재명명' 하는 방법도 썼다. 가령 이 방법은 '학생이 비록 문제 행동을 했더라도 그 의도는 좋은 것이었다는 점을 그 학생에게 보여 주는 것'이다. 이 작업을 통해 문제 행동을 한 학생은 사실 좋은 의도로 했던 행동이지만 결과적으로 문제가 되었다는 걸 알고, 다음부터는 좋은 의도와 의미가 살아나도록 행동을 긍정적으로 하게 된다. 학생에게 이런 긍정적 재명명방법 즉, 리프레이밍을 활용하면 학생들은 자기의 문제 행동을 변명하지 않아도 되고, 교사가 자신을 나쁘지 않게 바라보고 있다는 사실을 확인할 수 있기 때문에 무척 효과가 크다. 나는 이런 점을 감안해 비록 학생의 문제 행동일지라도 긍정적으로 재명명해 주면서 그들이 변화하도록 도왔다. 교실에서 수시로 발생하는 문제에 대처해 본 교사들이라면 짐작하겠지만, 위에서 말한 '학생이 비록 문제 행동을 했더라도 그 의도는 좋은 것이었다는 점을 그 학생에게 보여 주는' 이 방법은 교사가 사용할 수 있는 매우 유용하고 중요한 방법이다. 여기에는 학생의 문제 행동을 비난하기보다는 학생이 왜 그런 문제 행동을 했는지 이해한다는 것, 학생을 옹호하려는 교사의 마음이 담겨 있다. 또한 학생이 비록 실패했을지는 몰라도 좋은 의도로 그런 행동을 했다는 간접적인 칭찬과 학생이 나쁜 생각을 했을 리 없다고 믿는 마음도 들어 있다. 그렇기 때문에 이 방법을 통해 건너간 교사의 마음이 학생에게 가닿으면서 효과를 발휘하는 것이다.

그렇다면 특정 학생의 문제 행동이 개선되기를 바라며 상담 컨설테이션에 참여한 교사들은 어떻게 예외를 찾았을 것 같은가? 사실 교실에서 했던 나의 행동과 그다지 다르지 않다. 나는 먼저 교사들에게 학생이 문제를 일으키는 순간은 제쳐두라고 한다. 그 학생이 자주 같은 문제를 저질렀더라도 어쩌면 문제를 일으킬 수밖에 없는 취약한 조건을 갖추고 있다고 치고 넘어가라고 말한다. 그리고 나서 학생이 언제 문제를 일으키지 않는 순간이 있는지 찾아보라고 한다. 그런 때가 바로 예외 상황이자 예외의 순간이다. 위에서 이야기 했듯 예외는 문제라는 자물쇠를 풀 수 있는 열쇠와 같다. 문제를 일으킬 만한데도 아무 일 없이 넘어갈 수 있는 상황, 문제를 일으킬 상황에서도 문제 행동을 하지 않을 수 있는 능력 같은 요소가 열쇠이자 해결의 실마리로 작용하는 셈이다. 그래서 교사들은 상담 컨설테이션에서 예외 상황 즉 문제를 일으키지 않는 상황에서 학생이 어떻게 행동하고 관계하는지 살펴보았다. 그리고 어떤 요인이 문제를 일으키지 않도록 돕는지 그 차이를 파악했다. 또 학생의 문제 행동을 긍정적으로 재명명하는 방법을 팀 작업을 통해 익힌다.

교사는 많은 학생들을 돌보아야 한다. 그래서 모든 학생에게서 예외를 찾는 일이 쉽지 않다고 여길 것이다. 그런데 한 학생에게서 예외를 찾는 눈이 발달하면 다른 학생들에게서도 어떤 경우에 그들이 잘 지내는지를 능숙하게 살필 수 있게 된다. 신기하게도 그렇게 된다. 해결중심접근에 기초한 이 방법을 재직 기간 동안 학생들에게 사용했을 때마다 놀라운 반응을 목격했다. 그렇지 않다면 교사들에게 자신 있게 권유할 수 없다. 해마다 시도했고 그때마다 확인 했다. 학생들은 달랐지만 보이는 변화에는 매우 일관성이 있었다. 그래서 지금도 나는 초등학교에서 해결중심접근을 실천하는 것은 마치 마법 같은 효과가 있다고 생각하는지도 모른다. 이 방법 외에도 미처 내가 알지 못하는 멋진 아이디어들도 많을 것이다. 최근에는 '학지사'에서 『강점기반 해결중심 학교 만들기』라는 책이 출간됐다. 한국의 상황은 아니지만 한 대안학교를 해결중심적으로 어떻게 운영하는지 보여 주는 내용이니 교사들이라면 많은 도움을 얻을 수 있을 것이다. 관심 있는 독자는 이 책을 참고하기 바란다.

앞에서 언급한 바와 같이 해결중심접근에서는 '예외'가 무척 중요하다. 그렇다면 해결중심접근에서 말하는 예외란 무엇일까? 어째서 예외를 통해 학생이 자신의 문제를 스스로 해결해 나갈 수 있도록 도울 수 있다고 말할까? 여기에는 바로 해결의 실마리가 담겨 있기 때문이다. 교사가 어떤 학생이 자주 문제를 일으킨다고 인식할 경우에도 잘 찾아보면 예외를 발견할 수 있다. 그러니까 문제가 일어나기 쉬운 상황이지만 학생이 문제를 일으키지 않고 잘 지내는 시간이 분명 있다는 뜻이다. 여기에서 알아 둘 것은 잘 지낸다는 의미는 '문제를 일으키지 않는 모든 순간, 문제를 일으키는 상황과 유사하지만 무난하게 넘어간 경우'를 일컫는다는 것이다. 이런 예외들을 모아 보면, 어떤 조건이 갖추어질 때 문제를 일으킬 만한 상황에도 수월하게 지나가는지 그 요인들을 탐색할 수 있다. 만약 예외를 도무지 찾을 수 없다면 학생이 문제를 일으키지 않고 지낸 일상적인 모든 순간이 이에 해당한다고 보면 된다. 나는 해결중심접근을 가족이나 부부 또는 학생에게 적용할 때 문제가 아닌 모든 순간을 예외라고 가정하고 이를 탐색한다. 이렇게 하는 것이 예외 탐색을 통한 해결책 구축에 상당히 도움이 된다.

그런데 교사들에게 예외를 문제 해결을 위한 중요한 자원으로 보아야 한다는 말을 하면 상당수는 고개를 갸우뚱한다. "문제가 있으면 원인이 있을 텐데, 다른 부분이 좋아지더라도 그 문제의 원인은 그대로 남아 있지 않은가요? 그렇게 되면 또 다시 문제가 생기지 않을까요?" 하고 되묻곤 한다. 교사 연수에서 자주 받는 질문이다. "학급을 문제의 소용돌이로 몰아넣고 선생님의 인내심을 시험하는 학생에게서 좋은 점을 보라니, 학교 물정을 모르는 것"이라고도 말한다. 이론으로나 가능한 속 편한 소리를 한다며 코웃음을 치는 교사도 있다. 익숙하지 않은 관점이어서 그렇게 들린다는 것을 이해한다. 해결중심접근에서 설명하는 방식과는 차이가 있을지 모르지만 이렇게 설명하면 도움이 될지 모르겠다.

예를 들어, 교실에서 A라는 학생이 보이는 모든 행동값을 100이라고 치자. A가 어떤 문제를 일으키는 정도가 대략 그 중 70이라고 보는 거다. 그 정도로 A는 문제가 일어나기 쉬운 열악한 환경에 처해 있는 것이다. 그래서 이를 해결하기 위한 방법이 기존에는 A의 70이라는 문제 영역에 집중했다면, 그래서 A에게 이미 문제가 일어나기 쉬운, 불리한 그 조건을 어떻게든 나아지도록 하려 했다면 해결중심접근은 이를 다른 방식으로 보는 거다. 100이라는 행동값을 가진 A가 70의 문제를 가지고 있지만, 그럼에도 불구하고 어떤 경우에는 그게 문제로 번지지 않는지, 또는 잘 지내는지 30의 영역을 차지하는 상황(예외)을 적극적으로 찾는 것이다. 그리고 그 30의 상황을 자세히 살펴서, 어떻게 하면 그런 상황을 더 자주 만들어 낼 수 있는지 작업한다. 왜냐면 이 30을 차지하는 영역은 A에게 문제가 덜 일어나는 조건을 가지고 있어서, 문제를 일으키는 70의 악조건 상황에 비해 A에게는 건강하고 긍정적인 부분이기 때문이다. A에게 이 30의 상황, 즉 비교적 건강하고 문제되지 않는 시간과 때를 찾아내어 A가 30의 경우를 더 자주 연출하도록 함으로써, 이 건강한 영역을 30에서 40, 50 그리고 60과 70… 이런 식으로 확장시켜나간다는 말이다. 문제 되지 않는 건강한 30의 상황이 빈번하게 발생해 영역이 점점 확장되면 자연스럽게 A의 70이라는 문제 영역은 힘이 약해지고 건강한 면이 문제 영역을 조금씩 덮어 나간다. 결국 A가 가진 100의 행동값에서 문제 영역은 줄어들고 건강한 영역이 확장되어 나간다.

기상청에서 하루 종일 비가 온다고 예보한 날에도 유심히 보면 중간중간 몇 번은 비가 그칠 때가 있다. 진짜 일이 하나도 풀리지 않는다고 생각되는 날도 자세히 들여다보면 소소한 좋은 일과 다행스러운 장면이 있다. 그런데 '종일 비 내리는 날' 또는 '재수 없는 날'이라는 생각을 하면 정말 그런 하루였다고 생각된다. 실제론 그렇지 않은 순간이 있었는데도 종일 비가 내렸거나, 아니면 하루 내내 재수가 없었던 일만 일어났다고 생각하게 된다.

이 이야기를 들려주면 교사들은 "아!" 하고 탄식을 한다. 그리고 자신이 가져온 학생 사례에서 '비가 오지 않는 순간'이나 '잠시라도 비가 그친 때'가 언제인지 찾아보라고 하면, 대부분 어렵지 않게 찾는다. 학생뿐 아니라 일상생활에서도 '비가 오지 않는 순간'과 '다행스러운 장면'들을 곧잘 찾아낸다. 정말이지 이런 '아하 체험' 때문에 내가 교사들과 하는 작업을 좋아하는지도 모르겠다. 어떤 기술을 습득할 때와 마찬가지로 새로운 관점을 익히는 데도 훈련이 필요한 법이다. 그래서 수업이 거듭될수록 교사들은 문제보다 '문제 아닌 것'을 보는 눈이 점차 밝아져서 학생들의 행동이나 태도, 문제 상황을 이전과는 다른 관점으로 볼 수 있다. 그래서인지 학교상담 컨설테이션을 마칠 때쯤에는 많은 교사들이 학급에서 문제들이 점차 줄고, 문제가 생기더라도 해결 과정이 과거에 비해 수월해졌다고 기뻐한다. 이런 모습을 볼 때면 나도 교사였다는 것이 자랑스럽고 가슴이 뻐근하다. 믿기 어려울 정도라고 말하는 그들의 표정을 보고 있으면 행복하다.

많은 수의 학생, 눈코 뜰 새 없이 처리해야 하는 업무 속에서 교사가 해결중심적 자세를 유지하기란 쉽지 않다. 25년 넘게 학교에 몸담아 봤기에 '한 학생에게만 그런 관심을 기울일 시간이 없다'는 볼멘 교사들의 말을 충분히 이해한다. 그럼에도 학생들이나 학생들에게서 발생하는 일을 바라보는 교사의 눈이 달라지기 바란다. 노력하는 것보다 훨씬 큰 선물 보따리를 받게 될 것이다. 물론 교사가 자신이 유지해 오던 관점을 전환하는 일은 쉽지 않다. 누군들 쉽겠는가? 다행스럽게도 해결중심접근을 실천하는 데 부가적인 시간이나 활동이 많이 필요한 건 아니다. 평소에도 교사는 학급 전체를 관리하고 학생들을 유심히 관찰한다. 그러므로 학생을 바라볼 때 문제보다는 문제 되지 않는 때, 강점과 긍정 요소에 주목하는 렌즈를 장착하고 보면서 시작할 수 있다.

15 '예외'를 학생에게 적용하기

구체적으로 해결중심접근에서 말하는 '예외'를 어떻게 학생에게 적용할 수 있을까? 상담 컨설테이션에 참가한 교사들은 예외를 찾는 데 성공해도 실제 적용은 막막해한다. 그래서 연습이 필요하다. 보통 예외를 매우 특정한 순간이라고 착각하는 경향이 있다. 나도 처음에는 그랬다. 하지만 경험이 쌓이면서 예외를 찾아내기 위해서는 조금 더 상황을 넓게 보아야 한다는 걸 알게 되었다. 그래서 나는 예외의 의미를 칭찬할 만한 올바른 언행뿐 아니라 어떤 학생의 평범한 모습, 문제 되지 않는 시간까지 포괄해서 사용했다. 이 방식대로 해 보니 아니나 다를까 매우 효과적이었다. 학급의 모든 학생들이 모두 문제 행동을 하지는 않는다. 학생들이 무난히 지내는 평범한 시간을 찾아서 언급할 뿐인데도 학생들은 칭찬으로 받아들이고 으쓱했다. 표정은 밝아지고 자신감이 커졌다.

핵심은 '필요한 상황에서 예외를 찾을 수 있는가', '학생에게 적용할 수 있는가'다. 과연 교사가 학생들로부터 문제 되지 않는 때, 비가 오지 않는 순간, A의 30의 건강한 영역을 찾아 활용할 수 있는가가 관건이다. 그래야 예외가 문제를 해결할 수 있는 자원이 되고, 문제해결의 실마리로 작동하기 때문이다. 누구도 연습 없이는 처음부터 잘되지는 않는다. 그렇다면 훈련의 차원에서 앞에서 다룬 준수의 사례를 같이 살펴보도록 하자. 아래 대화를 읽으면서 준수에게서 강점과 긍정 요소, 그리고 문제 아닌 점 등 자원으로 활용할 수 있는 부분을 찾아보았으면 한다. 예외를 찾아내는 훈련이 된다면 그대의 학교생활은 무척 달라질 것이다. 참고로 내가 찾아낸 몇 가지의 예외는 '▶' 기호로 표시했다. 여기에서 예외를 포착하기가 어렵지 않거나 학생의 문제 행동을 긍정적으로 재명명하는 게 가능하다면, 앞의 준수 사례로 돌아가 전체 내용을 살피며 예외를 찾고, 문제 행동을 긍정적으로 재명명해 보기 바란다. 무척 도움이 될 것이다.

"준수야, 그런데 오늘 아침에 문 열 때 놀랐지?"

"네."

"왜 놀랐어?"

"안 그러려고 했는데 문이 쾅 소리가 났고요. 애들이 갑자기 고개를 나한테 확 돌렸어요."

"그랬구나. 일부러 그런 것도 아닌데 소리가 그렇게 나 버렸구나. 그랬으면 나도 깜짝 놀랐을 것 같아. 친구들도 고개를 다 돌려서 너를 보고. 그치?"

"네, 맞아요."

> ▶ 선생님 앞에서 주눅 들지 않는 학생임
> ▶ 질문에 대답을 잘할 수 있음
> ▶ 솔직함
> ▶ 있었던 일을 자세하게 기억하고 말할 수 있음
> ▶ 자신의 감정을 정확하게 전달함
> ▶ 순간이었지만 장면을 잘 관찰함

"그래서 친구들한테 소리를 지른 거야? 화를 낸 거야?"

"그건 잘못했어요."

"너도 놀라서 소리 지른 거니?"

"네."

"그랬구나, 이제 준수가 왜 그랬는지 선생님이 잘 이해할 수 있게 되었네."

> ▶ 본인 행동에서 무엇이 잘못되었는지 알고 있음
> ▶ 자신의 잘못을 먼저 시인함
> ▶ 잘못을 사과하는 용기가 있음

"선생님은 우리 반 친구들도 준수가 이런 아이라는 것을 알았으면 좋겠는데, 어떻게 알리면 좋을까?"

"친구들한테 미안하다고 말해요?"

"그것도 참 좋은 방법이다, 그렇게 할 거야?"

"네."

- ▶ 잘못한 일을 친구들에게 사과하는 게 옳다는 것을 알고 있음
- ▶ 사과할 수 있는 용기를 가지고 있음
- ▶ 사과할 수 있는 방법을 스스로 찾아냄
- ▶ 교사가 시키기 전에 스스로 사과할 정도로 적극적임
- ▶ 생각한 점에 대해서는 분명하게 자기 의사를 표현함

"언제 사과할 생각이야?"

"들어가면서 할 거예요."

"우와! 그것도 진짜 좋은 생각이다."

- ▶ 생각을 하면 실천에 옮길 수 있음
- ▶ 언제 사과할지 스스로 판단함
- ▶ 자신이 생각한 것에 대해 확신이 있음

"그리고 앞으로는 문 열 때 어떻게 열고 싶어?"

"살살 열고 싶어요."

"왜?"

"시끄럽고 친구들이 모두 놀라요."

"그렇구나. 참 깊이 생각했네, 우리 준수"

- ▸ 실수를 통해 배울 수 있음
- ▸ 왜 행동을 바꾸어야 하는지 알고 있음
- ▸ 왜 문을 살살 열어야 하는지 알고 있음
- ▸ 시끄러운 소리가 다른 사람들에게 방해가 된다는 점을 알고 있음
- ▸ 다른 친구들이 독서를 할 때 큰 소리를 내면 피해를 준다는 걸 알고 있음
- ▸ 자신의 행동이 친구들에게 피해를 주었음을 인식하고 있음
- ▸ 문을 살살 열고 싶다는 말에 비추어 보면 자신의 행동을 반성하고 있는 것으로 보임

이와 같이 나는 자원으로 활용 가능한 예외를 발견해서 기록했다. 또 준수의 문제 행동을 긍정적으로 해석하기도 했다. 이 부분들을 자세히 보면 준수의 문제가 되지 않는 점일 뿐 아니라 건강한 면이며 강점이기도 하다. 위의 예에는 준수와의 대화에서 읽을 수 있는 예외나 재명명할 수 있는 면들을 몇 가지씩 적어두었다. 시간을 들이면 이보다 훨씬 많은 예외의 목록을 모을 수 있다. 이 예에서 볼 수 있듯이 나는 교사들이 해결중심에서 말하는 예외에 초점을 맞추면, 문제에 집중할 때보다 문제 해결 속도가 빨라진다고 확신한다. 그대도 한번 시도해 보시라. 밑져야 본전 아닌가. 혹시 아는가, 그대에게도 아주 멋진 장면이 펼쳐질지.

다만 주의할 점이 있다. '비가 오지 않는 순간'이나 '잠시라도 비

가 그친 때'를 찾는 일을 처음부터 성공하기란 쉽지 않다. 때문에 한 번 실패하더라도 거듭 시도해야 한다. 초기엔 이게 과연 될까 의문이 들 수도 있다. 처음 해 보는 일이니 당연하다. 누구나 시작할 때는 실수하고 시행착오를 겪기 마련이다. 우리는 운전과 운동처럼 새로운 뭔가는 다 그렇게 배운다. 그러니 실패하더라도 날마다 다시 시작하면 좋겠다. 그러다 조금씩 성공한 하루가 쌓이면 그대는 어제보다 조금 더 성장한 선생님으로 살아가게 된다. 이 방법은 학생뿐 아니라 학부모와 동료, 주변인들과 좋은 관계를 만드는 데도 활용할 수 있다. 문제보다 '비가 오지 않는 순간'에 집중하면 그대가 만나는 주변 사람들과의 관계에서 오해가 쌓이거나 갈등이 반복되는 일을 방지할 수 있다.

16 파워풀 강점 목록

교사가 학생의 강점과 문제 아닌 점을 볼 줄 알게 되면 학교생활에서 얻을 수 있는 장점이 무척 많다. 무엇보다 학생에게서 문제나 단점보다 좋은 점에 주목할수록 교사는 덜 피로하다. 학생들과의 암묵적이고 소모적인 줄다리기에서 벗어날 수 있고, 문제에 대처하는 데 쏟던 에너지를 강점 파악하는 데 활용하는 일도 가능해진다. 이처럼 학생들의 강점에 집중을 잘할수록 이들에게서 문제 행동이나 공격적인 모습이 서서히 줄어들 것이며, 어제보다 오늘 선생님을 더 따르고 덜 다툴 것이다.

이런 말이 너무 이상적으로 들리는가? 그럴 수도 있다. 또 얼른 방법을 알고 싶은 독자도 있을 것이다. 어쩌면 이렇게 질문하고 싶을지도 모르겠다. 그래서 교사로서 교실에서 무엇을 어떻게 하라는 말인가? 물론 밝고 긍정적인 학급은 그냥 만들어지지 않는다. 그렇다고 아주 어렵거나 대단한 비법이 필요한 일도 아니다. 사실 실천 방법은 단순하다. 지금까지 수없이 반복했듯 일단 문제를 보던 것에서 강점을 보는 눈으로의 관점 전환이 필요하다. 그러기 위해서는 교사가 학생들이 저지르는 실수나 문제 행동을 찾아내고 기록하기 전에 학생의 장점과 강점을 먼저 수집하는 것이 좋다. 이때 문제점을 꼭 기록하고 싶다면 장점을 기록한 후에 단점을 찾아도 된다.

이때 유의할 점이 몇 가지 있다. 강점을 찾기 위해 학생을 주의 깊게 살피고, 찾아낸 강점은 자세하게 기록해야 하며, 가능한 한 많이 찾아낸다는 자세로 임해야 한다. 강점 목록을 만들 때는 그 학생의 장점과 칭찬할 만한 내용뿐 아니라 이미 여러 번 언급했듯 '문제 되지 않는 모든 것'을 포함한다. 이렇게 접근해도 처음에는 강점 찾기가 쉽지 않다. 문제에 초점을 맞춘 기간이 길수록 더욱 그렇다.

교사는 강점을 찾을 때만큼은 적극적이어야 한다. '네가 잘하면 선생인 내가 보고 기록하겠다'는 생각은 곤란하다. 이런 모습은 거칠게 말하면 교사와 학생의 관계에서 교사가 학생의 행동에 대해 그저 반응하겠다는 소극적 태도에 불과하다. 교사는 적극적으로 변화를 유도할 수 있는 사람이다. 선생님이라면 해결 방안을 먼저 시도하고 한발 앞서 걷는 사람이 되어야 한다. 그렇다. 교사는 심지어 학생이 칭찬받을 일을 하지 못하더라도 칭찬받도록 할 수 있다. 학생들에게 성취 경험과 기회를 만들 수 있는 대단하고도 멋진 힘을 가지고 있기 때문이다. 그런 기회를 창조하는 것이야말로 교사가 가진 놀라운 역할이다.

간단한 예를 들어 보자. 인사를 잘 하지 않는 학생에게 교사는 '학생이 나에게 인사하면 그때 내가 인사를 받겠다'는 식으로 접근하지 않는다. 오히려 학생을 마주치면 선생님인 내가 먼저 "얘들아 안녕." 하면서 웃는다. 이런 경험이 거듭되면 인사를 하지 않던 학생도 먼저 인사하기 마련이다. 자극과 반응의 순서를 바꿀 수 있는 사람이 선생님이라는 사실을 잊지 말아야 한다. 강점을 찾는 일도 다르지 않다. 능동적인 교사는 학생의 눈에 보이는 강점은 물론이고 숨겨져 있는 강점도 포착할 수 있다.

또 기억하자. 좋은 점만 있는 사람이 없듯이 나쁜 점만 가진 사람도 없다. 다행스럽게도 강점이란 게 처음에는 눈에 잘 안 들어와도 한번 눈에 띄면 고구마를 캘 때처럼 줄줄 따라온다. 이를 위해서는 학생의 다양한 모습을 살피되 편견이나 선입견을 배제할 줄 알아야 한다. 마음이 열려야 눈도 열리는 법이다. 그리 크지 않은 공간에서 함께 생활하다 보면 하루에도 몇 번씩 학생을 관찰하고 학생과 교감 할 수 있는 기회가 생긴다. 그런 시간의 틈 속에서 열린 마음과 관찰을 통해 학생의 문제 아닌 점을 포함한 '강점 목록'을 만들어 보자.

그런데 코로나19 사태와 같이 예기치 못한 이유로 교사가 학생과 대면할 수 없는 상황이 발생하기도 한다. 그런 환경이라고 하더라도 면밀하게 관찰하면 문제 아닌 점을 찾을 수 있으니 더 능동적으로 찾아내야 한다. 화상 수업과 온라인 과제를 하더라도 교사는 다양한 방법으로 학생과 상호작용한다. 수업 시작 전에 출석하는지, 화면을 잘 켜고 있는지 아니면 바른 자세로 수업 시간에 집중하는지 알 수 있다. 또 교사의 질문에 호응하고 대답하는 태도, 분단별로 배당된 방에서 협력하는 행동이나 과제를 제출하는 모습 등 대면하지 않고도 학생을 파악할 여지는 생각보다 많다. 그러므로 대면할 수 없어서 학생의 강점 목록을 만들 수 없다고 포기해서는 안 된다.

가끔 교사들은 강점 목록을 어떻게 써야 하는지 묻곤 한다. 평소 익숙하게 사용하던 방식이 아니어서 그럴 수도 있을텐데, 여기에는 특별한 형식이 정해져 있지는 않다. 각자가 창의적으로 활용할 수 있다. 다만 양식은 자유롭더라도 내용은 중요하다. 예를 들어 어떤 내용을 쓰는지 앞의 사례에서 준수의 강점 목록을 정리하면 다음과 같다. 이 또한 예시다.

▶ 선생님 앞에서 주눅들지 않는 학생임

▶ 질문에 대답을 잘 할 수 있음

▶ 솔직함

▶ 있었던 일을 자세하게 기억하고 말할 수 있음

▶ 자신의 감정을 정확하게 전달함

▶ 순간이었지만 장면을 잘 관찰함

- ▶ 본인 행동에서 무엇이 잘못되었는지 알고 있음
- ▶ 자신의 잘못을 먼저 시인함
- ▶ 잘못을 사과하는 용기가 있음
- ▶ 잘못한 일을 친구들에게 사과하는 게 옳다는 것을 알고 있음
- ▶ 사과할 수 있는 용기를 가지고 있음
- ▶ 사과할 수 있는 방법을 스스로 찾아냄
- ▶ 교사가 시키기 전에 스스로 사과할 정도로 적극적임
- ▶ 생각한 점에 대해서는 분명하게 자기 의사를 표현함
- ▶ 생각을 하면 실천에 옮길 수 있음
- ▶ 언제 사과할지 스스로 판단함
- ▶ 자신이 생각한 것에 대해 확신이 있어 보임
- ▶ 실수를 통해 배울 수 있음
- ▶ 왜 행동을 바꾸어야 하는지 알고 있음
- ▶ 왜 문을 살살 열어야 하는지 알고 있음
- ▶ 시끄러운 소리가 다른 사람들에게 방해가 된다는 점을 알고 있음
- ▶ 다른 친구들이 독서를 할 때 큰 소리를 내면 피해를 준다는 걸 알고 있음
- ▶ 자신의 행동이 친구들에게 피해를 주었음을 인식하고 있음
- ▶ 문을 살살 열고 싶다는 말에 비추어 보면 자신의 행동을 반성하고 있는 것으로 보임

강점 목록 만들기는 학생을 위한 작업인 동시에 교사에게도 든든한 지원군이 된다. 학생과의 관계에서 친밀성을 더하고 학생이 교사를 자연스레 따르게 만들어 유능한 선생님이라는 느낌을 갖게 한다. 또한 학부모와의 관계를 부드럽게 만드는 도구가 된다는 점도 매력적이다. 내가 활용했던 방식을 예로 들면 이렇다.

가령 영호의 문제 행동 때문에 집으로 전화를 하게 되었다고 가정하자. 나는 사고 친 내용을 말하기 전에 요즘 영호가 학교에서 보이는 여러 모습 중에서 장점과 무난한 행동 서너 가지를 먼저 얘기한다. 이때 평소에 틈틈이 적어 둔 '강점 목록' 중에서 고르면 된다. 이어서 영호가 그와 같이 학교에서 긍정적인 행동을 하도록 가정에서 부모님이 특별히 강조하거나 가르친 점이 있는지 물어본다. 이는 부모가 영호를 잘 지도한 덕분에 영호가 학급에서 원만하게 행동하고 있다고 부모를 간접적으로 칭찬하는 것이다. 이렇게 부드러운 분위기를 만든 뒤 영호가 오늘 일으킨 사고 내용을 전한다. 이와 같은 이야기의 전개가 마음에 들지 않는 교사도 있을지 모른다. 그러나 교사와 부모 사이에서 신뢰가 가장 중요하다는 점에는 다 동의할 것이다. 부모와 교사 간의 신뢰라는 측면에서 보면 앞서 소개한 대화 방법이 효과적이다.

부모가 아무리 잘 가르쳐서 보내도 아이들이 항상 잘할 수는 없다. 실수할 때가 있고, 그래서 아이들에게 학교와 교육이 필요한 것 아닌가. 그런 취지에서 나는 부모에게 다음과 같이 말한다.

"다음부터는 학급에서 영호가 다른 행동을 하도록 지도할 테니 가정에서도 이야기해 주세요. 다만 부모님께서 영호에게 꾸중을 먼저 하지는 마세요. 그보단 '선생님이 영호 네가 평소에 학급에서 잘하고 있다고 칭찬하던데, 오늘 일은 어떻게 된 일이니?' 같은 식으로 물어봐 주세요."

부모에게 하는 이 말은 영호가 학급에서 잘하고 있다는, 또는 적어도 영호에게 장점이 있다는 사실에 기반을 두고 있다. 교사와 부모가 협력하면, 영호는 자신을 믿는 부모와 교사를 실망시키고 싶지 않을뿐더러 그 믿음에 본인 행동을 맞추려는 노력을 자신도 알지 못하는 사이에 하게 된다. 영호의 바람직한 행동을 유도하는 효과가 있다는 말이다. 교사가 이렇게 부모에게 말하면 십중팔구 부모도 이에 따른다. 아이에게 효과적인 방법임을 바로 이해할 수 있기 때문이다. 여기에 더해 담임교사의 전문성과 교육 태도에 대해서, 그리고 자신의 자녀를 아끼고 긍정적으로 바라보는 모습을 인식하면서 신뢰감이 더 커질 수 있다. 그러면 교사와 학부모와의 관계도 훨씬 더 긍정적으로 바뀐다.

반갑든 그렇지 않든 학교에서 겪는 수많은 좋고 나쁜 일과, 보람차고 억울한 일은 교사의 일상에 찾아온 손님이다. 준비되지 않은 시간에 불현듯 방문하는 달갑지 않은 손님도 있겠지만, 우아하게 받아들이고 또 멋지게 초대할 수도 있는 사람이야말로 지혜롭다. 교사가 된다는 건 아프고 힘들어도 한 걸음 성숙하는 교육자의 영역으로 들어섰음을 의미한다. 교사로 산다는 건 그런 책무로 가득 찬 숲을 헤치며 성큼성큼 나아가는 여정이 아닐까.

강점 목록을 작성하는 게 여전히 어려운 독자가 있다면 한 가지 덧붙이고 싶은 말이 있다. 앞서 언급한 준수의 강점 목록은 준수가 친구들을 방해하면서 등교한 날의 행동에서 찾은 것이라는 점이다. 만약 준수가 문제 행동을 하지 않은 날이었다면 훨씬 쉽게 더 많이 기록할 수도 있었을 것이다. 문제 행동에서도 이처럼 긴 목록이 만들어진다는 점이 중요하다는 것을 반드시 기억해야 한다. 어떤 눈으로 학생을 바라보느냐에 따라 많은 것이 달라진다.

　참고로, 아래에 학급에서 일상적으로 활용할 수 있을 것 같은 강점 목록 양식을 첨부해 두었다. 중요한 것은 학생 한 명 한 명을 관찰하다가 강점을 발견하면 간략히 기록해서 긴 강점 목록을 만드는 것이다. 내가 준수의 강점 목록을 길게 적은 것처럼(지면 여건상 김준수의 강점 목록을 빈 칸에 옮겨 적지 않았음), 학생을 볼 때마다 더해 나간다.

이름	강점 목록	비고
김준수		
이영희		
유호준		
이철수		

만약 이게 쉽지 않은 여건이라면 아래와 같이 간단하게 기록하는 것도 한 방법이다. 이 양식은 어디까지나 예시일 뿐이다. 여기서는 교실에서 관찰할 수 있는 내용 위주로 대강 나누었지만, 필요에 따라 구분하는 등 얼마든지 유연하게 사용할 수 있다. 한 장에 쓸 수 있는 항목과 학생의 명단이 충분하지 않다면 같은 양식을 여러 장 사용하면 된다. 각 항목에 해당하는 내용을 포착하면 간략하게 낱말로 기록해 둔다. 시간이 없을 때는 '◎, ○, △' 등의 표시를 남겨도 된다. 아니면 1~10점 사이의 점수로 기록할 수도 있다.

여기에는 양식 두 개를 제시했지만 항목은 필자가 임의로 삽입한 것이므로 필요에 따라 얼마든지 학급에 맞게 추가해 사용하면 된다. 말했다시피 학생의 강점 목록 내용은 아동을 지도하고 칭찬하는 데 사용하고, 부모와 연락하고 학부모상담을 할 때도 활용한다. 또 학기말에 학생들의 생활기록부를 작성할 때도 강점 목록에 포함된 내용들을 참고할 수 있다. 이 외에도 다양한 용도로 활용할 수 있다. 그리고 다시 말하지만 아래의 내용은 어디까지나 예시다.

번호	이름	학습태도	친구관계	빌려주기	친절함	청소	정리	식사태도	놀이
1									
2									
3									
4									
5									
6									
7									
8									
9									
10									
11									

번호	이름	화분관리	준비물	공기놀이	체육	리코더	한글타자	고운말	배식
1									
2									
3									
4									
5									
6									
7									
8									
9									
10									
11									

17

변화는 파문처럼 번져 가는 것,
반복해야 일어나기 쉬운 것

"교사가 학생의 강점과 문제 아닌 점을 볼 줄 알게 되면 학교생활에서 얻을 수 있는 장점이 무척 많습니다. 학생들의 강점에 집중을 잘할수록 학생의 문제 행동이나 공격적인 모습이 서서히 줄어들 것이며, 어제보다 오늘 선생님을 더 따르고, 덜 다투게 됩니다."

교사 연수에서 이 말을 하면 동의하기 어렵다는 반응을 보이는 교사들이 많다. "학생이 문제가 있는데 다른 것을 본다고 어떻게 그 문제가 없어지느냐?", "그럼 좋겠지만 학생 숫자가 얼마나 많은데 그게 가능하다고 보느냐?", "한두 번은 어찌한다 해도 어떻게 계속 그 학생을 인내하며 대할 수 있겠는가?" 이런 질문은 실습 없이 한두 시간 강의 형태로 진행하는 교육에서 특히 많이 나온다. 나도 학급에서 일어나는 상황을 어렵지 않게 상상할 수 있어서 그들이 말하고자 하는 바를 충분히 이해한다. 옛 동료들이나 후배들과 이야기를 할 때도 첫 반응은 별반 다르지 않다. 그러나 재직 기간 동안 학생의 문제보다 강점과 문제 아닌 점을 먼저 찾을 때 학생들이 진짜 드라마틱하게 달라지는 모습을 보았기 때문에 나는 확신이 있다. 한두 명의 학생에게서 확인한 것이 아니어서, 넌지시 웃으며 생각만으로 불가능을 점치기보단 한 발 내디뎌 보라고, 내 말에 반박하기 위해서라도 일단 시도해 보라고 교사들에게 권한다.

  탁월한 가치 투자가인 워렌 버핏은 투자를 '눈덩이snowball 굴리기'에 비유한다. 그에 따르면 투자의 관건은 '잘 뭉쳐지는 눈'을 찾아서 꾸준히 굴리는 것이다. 적당한 한 움큼의 눈송이를 뭉쳐서 굴리다 보면 점차 더 많은 눈이 붙고, 어느 순간부터는 눈덩이에 타력이 붙는다. 성실하게 밀고 나가면 눈덩이의 추진력이 이전에 쏟은 힘 위에 쌓이면서 점점 커져 커다란 눈덩이가 된다. 이쯤 되면 눈덩이를 굴리기보다 정지시키는 게 더 어려워진다. 해결중심접근을 학급에서 적용하는 것도 눈덩이 굴리기와 같다. 학생들에게 해결중심접근을 계속 적용하다 보면 어느 문턱을 넘어서 흐름이 만들어진다. 그러면 점점 커지는 눈덩이처럼 학급에서 접하는 온갖 일들이 해결중심접근으로 연결된다. 본격적으로 흐름을 타면 이젠 문제중심으로 돌아가는 게 더 어려워진다. 그렇게 해결중심접근이 교사에게 내재화되고 그는 해결지향교사가 되어 해결중심 학급을 만든다.

이런 이야기를 들어도 독자들에게는 익숙하지 않은 방식이라 쉽지 않을 것이다. 처음엔 그렇다. 그래서 '잘 뭉쳐지는 눈'을 먼저 구해야 한다. 나는 해결중심접근에서 이 눈은 다름 아니라 교사가 흔들림 없이 믿는 것이라고 생각한다. 학생이 일으키는 문제보다 그 학생의 문제 되지 않는 점이나 비가 오지 않는 순간 그리고 강점 같은 '예외'를 먼저 찾을 때 교사 자신과 학생들 모두 해결중심 학급에서 살아갈 것이라는 확신 말이다. 교사가 믿음을 가질 때 강건한 의지를 가지게 되고 실패하더라도 계속 시도한다. 그리고 매우 희망적인 사실은 여러 번 시도하다 보면 문제 아닌 면을 먼저 간파하는 눈이 분명히 생긴다는 점이다. 시간이 갈수록 학급에서 발생하는 문제는 줄어들고, 학생들의 표정과 행동이 밝아지는 장면이 펼쳐질 거라고 기대해도 좋다. 더불어 교사가 학생들을 향해 좋은 점을 보고 표현하게 됨으로써, 교사 스스로가 긍정적인 정서를 경험하게 된다는 점도 중요하다. 덕분에 교사는 밝은 표정과 생각, 긍정적인 무드로 학생과 동료들을 만나고 전보다 힘들지 않게 학교생활을 할 수 있다.

어느 시점부터 눈덩이가 잘 굴러가는 것처럼 교사에게 긍정적인 감정 상태가 지속되면 학생들을 보면서 문제보다는 잘하는 면에 초점을 맞추기가 더욱 쉬워진다. 가정이나 다른 사람들에게서도 이 점은 마찬가지로 작용한다. 이런 선순환이 만들어지면 교사의 눈에는 과거와 같은 광경도 다르게 보인다. 분명 '서로 싸움을 한 두 학생'이 씩씩대며 자신 앞에 서 있어도 예전과는 다르게 생각된다. '더 심하게 싸우지 않은 학생들', '심한 싸움이 되지 않게 조절할 수 있는 학생들'로 보인다. '싸우는 것보단 멈추는 게 좋겠다고 판단할 줄 아는 학생들'이라고 여기기도 한다. 교사가 그런 것처럼 교실에서도 해결중심접근이 효력을 발휘해 학생들이 점점 그 안에 녹아들고 성장해 나가면, 이윽고 '친구들의 조언을 듣는 학생', '선생님의 말씀에 귀 기울이는 학생'으로 거듭난다. 학생의 행동에서 문제보다 문제 아닌 점이 먼저 보이기 시작하면 교사는 게임에서 소위 말하는 아이템 하나를 얻은 것이다. 더 멋진 건 교사가 한번 이 관점을 갖추면 계속해서 비밀 병기처럼 쓸 수 있다는 점이다. 점점 더 많은 학생에게, 그리고 다채로운 상황에서 이 방식을 적용할 수 있다. 뿐만 아니라 해를 거듭할수록 교사의 기술은 점점 숙련되고 정교해지며 세련되고, 경험 또한 풍부해진다. 안 쓰던 근육을 훈련하는 것처럼 처음엔 어렵지만 한번 장착하면 교사로 재직하는 내내 활용할 수 있는 놀라운 치트키가 된다. 이것은 신규 교사들을 위한 학교상담 컨설테이션 과정에서 여러 번 직접 확인한 내용이다.

지금도 그런지 모르겠지만 경기도 교육청 소속의 신규 교사들은 일반 교사들이 1년에 받도록 되어 있는 연수 시간 이외에도 약 30시간의 연수를 더 받아야 했다. 일반적으로 각 초등학교에 근무하는 3년 이하의 신규 교사들은 다양한 주제로 이루어지는 강의로 이 연수 시간을 채우곤 한다. 한 가지 아쉬운 점은 이 교육이 강사가 지식을 전달하는 일방향식 강의라는 것이다. 그런데 형식적인 연수에서 탈피하고자 하는 학교들도 있었다. 나는 2014년부터 2021년까지 거의 해마다 경기도 내 몇몇 학교에서 교사를 대상으로 한 상담 컨설테이션을 진행했다. 이 경우 해당 학교에서 연수에 참여하기 원하는 교사들을 신청 받아 소수의 인원으로 진행한다. 하지만 신규 교사 대상 컨설테이션에는 참여하는 이들은 경우가 달라서 발령받은 지 3년 이하의 교사라면 의무적으로 참석해야 한다. 가령 2014년에 첫 발령을 받은 교사 A는 2015년 2016년이 될 때까지 계속 같은 연수를 들을 수 있다. 내가 이 학교 신규 교사들과 지속적인 상담 컨설테이션을 진행한다면, 나는 3년 동안 A라는 교사를 만나게 된다. 물론 이 교사가 다른 학교로 전근을 가지 않고, 내가 그 학교 신규 교사들과 컨설테이션을 진행한다는 전제에서 그렇다.

고무적인 사실은, A 교사가 상담 컨설테이션에 참여하는 횟수가 늘어날수록 문제 아닌 점을 먼저 보는 능력이 훨씬 발달한다는 사실이다. 실제로 나는 매년 연수에 참가한 A 교사를 만나서 그가 학급에서 발생하는 다양한 문제에 휘둘리지 않고, 학생들과 보이지 않는 줄다리기를 하지도 않으면서, 점차 안정된 교사의 역할을 하고 있음을 확인했다. 3년 차 연수에서 A 교사는 그 연수에 처음 참여한 교사들에게 교실에서 자신이 사용하고 있는 방법을 알려 줄 수 있을 정도가 되었다. 요컨대 그는 해결지향교사로서 능숙하게 학생들과 해결중심학급을 꾸려간다. 생각만 해도 즐거운 일 아닌가! 이와 같은 성과의 출발점은 어디일까? 바로 교사가 세상을 보는 눈을 바꾼 것, 즉 '관점의 변화'가 일어난 시점이다.

앞에서도 말했듯이 어떤 학생이 문제를 자주 일으키는 부분이나 문제가 되는 점은 어찌 보면 그 학생이 이미 취약한 부분이다. 기질적이거나 환경적 요인에 의해 이미 그 학생이 문제를 일으키기 좋은 조건이 형성되어 있다고 볼 수 있다. 근본적인 원인을 밝혀내고 제거할 수 있도록 도와주면 더없이 좋겠지만, 그렇게 하기에는 너무 많은 시간과 자원이 필요하다. 그에 비해 문제 되지 않는 점을 찾는 일은 큰 비용이 발생하지 않을 뿐 아니라 변화를 일으키는 데 효과적이다. 교사는 학생이 악순환에서 빠져나오기를 바라며 작지만 새로운 환경을 만드는 것을 시도할 수 있다. 학생의 환경을 툭툭 건드리며 그 벽에 작은 균열이라도 생겨 환기되기를 희망하면서. 잊지 말자. 교사라면 학생이 열악한 환경에도 불구하고 문제를 일으키지 않는 때와 그걸 가능케 하는 힘이 어디서 나오는지 알아차려야 한다. 가령 만만치 않은 환경 속에서 어떻게 등교를 하고, 공부를 위해 노력하는지 진심으로 감탄하면서 학생을 만나 보라. 그의 생활 안에서 조금 더 건강한 면을 찾고, 그 부분을 강화하고 넓혀 나가 보라. 강점과 밝은 점이 커질수록 학생의 취약한 문제점은 점점 발달하는 강점에 묻히기 마련이다. 연못에 떨어진 돌멩이가 만드는 파문처럼 문제 위에 문제 되지 않는 것들이 빠르게 번져 나가며 물결을 만든다. 이런 상상을 하면 흥분되지 않는가?

그런데 멋진 변화들이 한 번에 일어날까? 한 번 던진 돌이 일으킨 파문이 큰 연못 끝까지 도달할 수 있을까? 어느 정도 크기의 파문을 일으키고, 어느 정도 크기의 문제인가에 따라 다를 것이다. 그러나 보통은 한 번의 노력이나 시도에 우리가 바라는 문제가 해결되는 경우는 매우 드물다.

여기 관점을 바꿔 긍정적인 눈으로 학생들을 보기로 결심한 교사가 있다고 가정해 보자. 그에게 앞으로 어떤 일이 일어날까? 우선 교사는 마치 탐정이라도 된 것처럼 학생들의 강점을 유심히 찾는다. 강점 목록을 작성하면서 학생에게서 기대하는 행동을 볼 때마다 칭찬한다. 그랬더니 학생이 달라진다. '와, 진짜 효과가 있는가 보다'하며 기뻐한다. 좋은 점을 볼 때마다 칭찬 한마디 했을 뿐인데 학생이 달라지는 게 신기하다. 가슴이 벅차오른다. 드디어 희망이 보인다. 하지만 이렇게 쉽게 해피엔딩으로 끝나는 경우는 거의 없다.

보통은 며칠 지나지 않아 제자리로 돌아온다. 그래도 교사는 이쯤은 예상했다는 듯 다시 시작한다. 시도, 변화, 원위치, 그리고 다시 시작…. 이런 패턴이 반복되는 경우가 일반적이다. 이윽고 교사는 자신을 의심하기 시작한다. 내가 제대로 하는 게 맞나? 이대로 계속해도 되는 건가? 교사는 점점 지쳐 간다. 남은 힘까지 쏟아 부으며, 이런 순환을 겪는 게 과연 정상적인지 고민하게 된다. 그러다 결국 이전으로 회귀한다. 만약 이런 시작과 실패를 되풀이하면서도 포기하지 않는 교사가 있다면 그는 굉장히 인내심이 있을 뿐 아니라 대단한 의지와 용기를 지닌 사람이다.

　나는 현장의 교사들과 부모들로부터 열심히 시도했음에도 실패한 경험을 종종 듣는다. 이들이 하는 말의 요지는 '시도해 봤는데, 효과는 그때뿐이고 문제 행동이 고쳐지지 않는다'이거나 '고치려 애를 써도 잘 안 된다'다. 충분히 이해할 수 있다. 하물며 내 자신조차 내 마음대로 되지 않는데, 학생이든 자녀든 타인을 내가 원하는 대로 바꾸기는 정말 어렵지 않겠는가. 그런데 돌아보면 새로운 도전이 한 번에 성공하거나 기대하는 변화가 단기간에 이루어지지는 일은 거의 없다. 다른 예를 찾아볼 것도 없이 우리 자신의 경험만 살펴봐도 알 것이다.

　그렇기에 실망하기는 이르다. 실패와 포기에 이르는 흔한 패턴이 있듯이 보편적인 성공 패턴도 존재하기 때문이다. 큰 변화는 한 번에 이루어지지 않는다. 커다란 변화를 만들어 내는 일반적인 패턴은 바로 축적과 돌파다. 여러 번의 작은 변화가 쌓여 임계점, 즉 문턱을 넘어서면서 본질적 변화가 일어난다. 우리의 일상을 떠올려 보면 이해하기 쉽다. 그대는 가치 있는 뭔가를 해야겠다고 마음먹으면 실패 없이 이뤄내는가? 몇 번의 시도만으로 쉽게 원하는 걸 얻어 낸 적이 많은가? 가령 매일 운동이나 어학 공부를 하겠노라 다짐하면 마음먹은 대로 되는가? 아마 아닐 것이다. 어떻게 아냐고? 나는 물론이고 내 주변을 봐도 성공 사례보다 실패한 경우가 압도적으로 많으니까. 다이어트는 어떤가? 한 번 결심하면 식욕을 조절하면서 금세 몸무게를 줄이는가? 역시 아닐 가능성이 높다. 살빼기가 쉽다면 수많은 다이어트 관련 광고가 난무할 이유가 없다.

그럼에도 불구하고 매일 운동하거나 다이어트에 성공하는 사람들이 분명 있다. 그들이 성공에 이르는 과정도 비슷하다. 굳은 다짐으로 시작해 처음엔 시행착오를 겪고 때로는 성과를 내고 때로는 실패하기를 반복한다. 작심삼일을 넘어서 꾸준히 하다 보면 자신만의 노하우가 쌓이고 리듬이 만들어진다. 여기에 작은 승리가 더해지면서 변곡점에 이르고, 마침내 돌파, 즉 큰 변화가 일어난다.

학교에서도 마찬가지다. 학생이 여러 번의 작은 성취를 반복해서 만들어 내면 결국 그 학생은 변한다. 실제 교실에는 한두 번 학생의 장점을 찾아 칭찬하고 격려한다 해도 교사의 이런 시도를 헛발질로 날려버리는 학생들이 수두룩하다. 그러다 보면 '한두 명도 아닌 학생들을 어떻게 세심하게 관찰하고, 긍정의 눈으로 바라볼 수 있겠느냐'는 비관적인 생각이 들고, 애써 지켜온 노력을 중단하게 된다. 그런 상황은 교사가 많은 수의 학생을 지속적으로 긍정적인 관점으로 바라보는 노력을 자칫 포기하고 이전의 방식으로 돌아가도록 만든다. 아마 지금 이 시간에도 학생들에게 상처받고 패배주의에서 자신을 지켜 내기 위해 고군분투하는 교사가 있을 것이다. 그렇다면 어떻게 하란 말인가?

두 가지를 이야기하고 싶다.

먼저, 변화를 향해 나아가지 않을 경우 교사인 그대가 치를 대가나 수고로움을 생각해 보라. 과거로 돌아간다고 해서 마음이 편해지지 않는다. 그렇다고 문제가 해결되는 건 더더욱 아니다. 만약 그렇다면 굳이 그동안 변화를 만들어 내기 위해 열심히 노력할 필요도 없었을 것이다. 물론 새로운 변화의 길을 만들기는 어렵지만, 전처럼 매일 발생하는 문제에 휘둘리는 학교생활만큼 끔찍한 것도 없다. 끝날 때까지 끝난 게 아님을 자각하고 스스로 마음을 다잡아야 한다.

두 번째는 '스노볼snowball' 효과다. 혹시 앞에서 얘기한 눈덩이 굴리기를 기억하는가? 적당한 습기를 가진 작은 눈덩이를 굴리면 처음엔 변화가 더디지만 계속 굴리다 어느 시점에 이르면 가속도가 붙으면서 오히려 멈추기가 어려워진다. 이거 어디서 많이 본 모양새 아닌가? 그렇다. 앞서 소개한 커다란 변화를 만들어 내는 축적과 돌파 모델이다. 새롭고 가치 있는 변화를 위해서는 시간과 노력 둘 다 필요하다. 그런데 흥미롭게도 시간과 노력의 눈뭉치가 임계점에 도달하면 그때부터는 더 이상 시간과 노력이 문제가 아니게 된다. 변화의 흐름이 만들어졌기 때문이다. 이것은 말로 설명하기는 어렵지만 한번 체험하면 바로 알 수 있다. 똑같지는 않더라도 어떤 일에 깊이 몰입한 경험을 떠올려 보면 이해할 수 있을 것이다. 스노볼 효과와 몰입의 본질은 시간과 노력을 넘어서는 극적인 시너지synergy다.

학생의 변화를 바란다면 한두 번의 시도와 짧은 인내로는 부족하다. 긍정적인 변화가 더딜 때, 태어나서 지금까지 학생의 행동과 태도가 형성되는 데 걸린 시간을 헤아려 보라. 큰 변화는 눈덩이 굴리기와 같다. 축적 후에 돌파가 일어난다. 이것이 진정한 변화의 이치다. 그러니 문제나 단점보다 긍정적인 면에 초점을 맞추고 반복적으로 시도해야 한다. 축적과 돌파 모델에 따르면 모든 실패와 시행착오는 학습의 기회이며, 모름지기 변화란 실패를 딛고 거듭 일어나는 힘으로 싹트고 자라기 때문이다.

한 번 더 강조한다. 그대가 학생의 행동 문제에 개입하기 시작했다면, 긍정적 관점으로 학생들을 대하려 마음먹었다면 오랫동안 지속해야 하고 실패해도 다시 시도해야 한다. 이 과정이 누군가의 눈에는 실패의 연속으로 보일 수 있지만, 해결중심접근의 관점에서는 '한 번씩 하는 성공의 연속'이자 '실패에도 불구하고 다시 일어서는 사람의 위대한 걸음'이다. 해결중심접근에서 실패는 걸림돌이 아닌 디딤돌이다. 거듭하는 시도는 학생에게 스며들어 변화를 향해 나아가도록 추동한다.

18

교사가 학생에게
반드시 보여 주어야 하는 한 가지

ADHD 문제로 상담을 의뢰한 초등학교가 있었다. 나는 총 여섯 번에 걸쳐 경기도 남부에 위치한 그 학교에 가서 학생과 학부모, 담임교사, 그리고 관리자를 차례로 만났다. 학생과 학부모를 만나기 전 교사가 학교에서 관찰한 학생의 행동을 검토했다. 학급에서 학생이 어떻게 행동하는지 파악하고자 하는 의도도 있었지만, 한편으론 담임교사가 그 학생을 어떻게 바라보고 어떻게 대응하는지 확인할 필요가 있었다.

여러 과정을 거쳐 학생의 아버지와 어머니를 만났고, 그 이후부터는 주로 학생의 어머니와 상담을 이어 갔다. 1주일마다 실시되는 상담이 3회 차에 이르렀을 때, 늘 그렇듯 "무엇이 나아졌습니까?"와 같은 해결중심질문을 했다. 해결중심접근법에서 사용하는 해결중심 질문은 몇 가지가 있는데, 보통 상담 초반에는 질문을 통해 지난 번 상담 이후 나아진 변화를 탐색하곤 한다. 간혹 어느 정도로 나아졌는지 숫자로 대답하는 척도질문을 사용할 때도 있지만, 그 어떤 경우든 나아진 점에 대해 알아보려는 시도다. 다행히 어머니는 놀라울 정도로 아이가 나아졌다고 했다. 믿을 수 없을 정도로 나아져서 얼떨떨하기도 하고, 지금의 변화가 계속 유지될지 불안한 마음도 든다고 했다.

> 나: 정말 반가운 소식이네요. 그런데 궁금한 게 있어요. 철수에게 어떻게 그런 변화가 일어나게 되었을까요? 어머니께서 생각하시기에 철수가 크게 나아지는 데 도움이 된 점은 무엇이라고 보세요?
>
> 철수 어머니: 지난번에 선생님이 말씀하신 걸 곰곰이 생각해 봤어요. 그런데 진짜 제가 그동안 아이를 많이 의심했다는 생각이 들었어요. 그래서 이제는 의심은 저 혼자 속으로 삭히고, 아이한테 "오늘 힘들었지?" 그렇게 이야기하니까 본인이 즐겁게 지냈다고 하면서 "아니, 안 힘들었어." 이렇게 이야기를 하더라구요. 또 어떤 날은 "오늘은 어떠어떠해서 힘들었어, 나 왕따 된 기분이야." 이렇게 솔직하게 이야기를 하더라구요.
>
> 나: 그게 평상시와 좀 다른 질문이었나요?
>
> 철수 어머니: 네, 그렇죠. 다른 때 같았으면 제가 먼저 의심을 하면서 수업 시간에 뭐 했는지 세세하게 알아내려는 의도로 물어봤죠, 아주 꼬치꼬치. 무슨 일이 있었는지 캐내려고 했죠.

이 대화는 이미 말했듯, 철수 어머니와 3회 차 상담에서 이루어진 것이다. 처음과 두 번째 상담을 하는 동안 나는 철수 어머니가 학교에서 돌아오는 아들의 책가방을 받으면서 대화를 많이 한다는 걸 알게 되었다. 그 과정에서 주로 어떤 질문을 철수에게 하는지 궁금해서 물어보았더니, 아니나 다를까 철수 어머니의 질문은 교사나 부모들이 흔히 저지르기 쉬운 실수를 그대로 답습하고 있었다. 철수 어머니는 철수가 이미 그날 어떤 사고를 치고 왔다는 걸 전제로 질문을 하고 있었다. 학급에서 오늘 어떤 일이 있었는지 넌지시 물으면서 이번엔 또 철수가 얼마나 큰일을 저질렀는지, 학급 친구들의 반응은 어땠으며, 담임은 어떻게 대응했는지 알아보기 위한 질문을 하고 있었다. 어머니의 태도는 철수가 지금보다 나은 행동을 할 수 있는 아이라는 가능성을 '전혀 믿지 않는다'는 메시지를 무심코 보여 주는 신호로 보였다. 설사 어머니의 의도가 그렇지 않더라도 철수에게 '넌 항상 사고치는 아이'라는 신호를 은연중에 전하고 있었다. 이런 모습은 우리가 일상적으로 접하기 때문에 문제될 게 없어 보일지도 모른다. 그러나 이런 식으로 말하는 건 아이를 크게 내리치는 한 방을 숨기고 있는 표현이자 치명상을 입힐 수 있는 무기를 휘두르는 것과 같다. 철수 어머니의 그 말에는 어머니가 세상에서 철수를 가장 사랑할지라도 사랑의 의미가 담겨 있지는 않다. 어머니의 마음은 철수에게 잘못 전달될 것이고, 철수에게 부정적 영향을 미칠 게 분명하다. 그래서 2회 차 상담에서 철수 어머니에게 조금은 교육적인 내용이 담긴 설명을 했다.

"아이한테 물어보는 게 어머니가 아이가 진심으로 잘한 것이 궁금해서 궁금해서 물어봤을 수도 있고요. 아니면 우리 애가 혹시 뭔가 좀 잘못하거나, 선생님이 어떻게 했는지 파악하려는 의도로 물어볼 수도 있어요. 그런데 이 둘은 굉장히 다른 거예요. 아이한테 진심으로 관심이 있고 철수가 잘 성장하도록 도와주기 위해서 물어보는 건 얼마든지 괜찮아요. 근데 어머니께서 꼬치꼬치 묻는 과정에서 아이가 잘한 것과 잘못한 거를 캐치하려고 하거나, 선생님이 잘한 것과 잘못한 걸 파악하려고 하거나, 이런 의도를 가지고 물어보면 금세 티가 나요. 나는 너를 믿지 않는다는 표시가 나죠. 대화를 해도 좋은 효과가 나지 않을 뿐만 아니라 아이에게 좋은 영향을 안 끼쳐요. 그러니까 아이에게 무언가 물을 때는 오롯이 아이를 보호하고, 아이를 사랑하는 마음에서 하셔야 돼요. 어떤 경우든 어머니가 아이를 사랑하고 생각하고 있다는 마음이 전해지도록 하시는 게 중요합니다."

이 말을 듣고 철수 어머니가 짓던 표정을 잊을 수 없다. 내담자가 좋아지는 모습을 직접 확인하는 기쁨이 2시간 거리의 학교로 달려가 학부모와 학생, 그리고 담임교사와 교장선생님까지 만나는 '학교를 기반으로 하는 가족상담'을 계속하게 만드는 힘인지도 모르겠다. 세 번째 상담에서 철수 어머니와 나는 다음과 같은 대화를 나눴다.

철수 어머니: 지금 생각하면 아마도 철수가 취조당하는 기분이었을 것 같아요. 본인도 이야기하기 싫어하는 자기 치부가 이제 엄마한테 들통 나니까 자존심도 상하고요. 그랬는데, 제가 지난번에 선생님과 상담하고 나서 집에 갔잖아요. 그런데도 애를 보니까 갑자기 할 말이 생각나지 않아서 "오늘 힘들었지?" 이렇게 말했던 거예요. 그러니까 아이 말이 다르게 나오더라구요. 표정도 바뀌고요. 신기하게 다음 날부터 학교에서 전화도 안 오고요. 그러니까 정말 살 것 같아요. 엄마가 걱정을 해 주고 힘들었지 그렇게 조금만 터치를 해 줘도 이렇게 달라지는구나 싶어 놀라웠어요.

나: 너무너무 잘하셨습니다. 어떻게 그렇게 하실 수가 있었어요? 아이를 믿어 주면 나아질 것이라는 것을 어떻게 아셨어요? 의심 없이 믿는 게 핵심이라는 것을 어떻게 아시고 그렇게 실천하실 수 있었어요? 정말 대단하세요. 어머니께서도 이미 아시겠지만, '얘가 오늘 또 이랬을 거야' 하고 의심하면서 안 그런 척하면서 무슨 취조하듯이 뭔가 캐내려고 아이에게 말하는 건 아이가 좋아지는 데 도움이 되지 않지요. 예전 어머니가 하셨던 것처럼 하면 철수는 부모가 자기를 믿지 않는다고 생각하고, 사랑받지 못하고 있다고 느낄 거예요. 그러면 철수는 너무 슬플 거예요. 철수는 어머니가 "오늘 힘들었지?"라고 말할 때 무엇을 느꼈을까요?

철수 어머니: 글쎄요, 아마도 엄마가 자기를 걱정하나 보다 생각했

을까요? 근데 그게 쉽지는 않았어요. 꾹 참고 말했어요.

나: 그럼요, 쉽지 않지요. 그래도 해내셨군요.

이 예에서 알 수 있는 것처럼 철수 어머니가 철수를 믿듯 교사도 학생을 믿어야 한다. 교사가 학생에게 반드시 보여 주어야 하는 한 가지를 꼽으라면 나는 '학생을 진심으로 믿는 마음'이라고 답하겠다. 그 속에는 학생을 사랑하는 마음이 흐르고 있어서 학생과 교사 사이에서 가장 중요한 서로 신뢰하고 사랑하는 마음을 담은 관계를 만든다. 너무 당연한 말 같지만 이게 말처럼 쉽지 않다. 아니, 아주 어렵다. 학생을 믿어야 한다고 생각하면서, 사랑하는 마음은 있으면서도 실제 행동은 반대로 하는 교사가 의외로 많다. 특히 무의식중에라도 '저 행동으로 보아 저 아이가 청소년이 되고 청년이 되어도 그저 그런 인생을 살 것이다'라는 생각을 하고 있으면, 교사는 눈앞에 보이는 학생의 문제 행동을 넘어가기 어렵다. 이 생각에는 철수 어머니가 철수를 믿지 않았던 것처럼 교사가 학생을 의심하는 마음이 깔려 있다. 때문에 학생에게는 교사의 진심이 전달되기 어렵다. 그래서 교사와 학생 사이에 좋은 관계를 만들어 낼 수 없다. 교사가 하는 말이 마치 비수처럼 학생의 가슴에 꽂힐 수도 있다.

나는 교사로 사는 동안 종종 궁금했다. 학생들은 자신에 대한 교사의 태도를 접하면서 어떤 생각을 할까? 특히 자신을 진심으로 믿지 않는 것 같은 교사의 행동을 보면서 스스로를 어떻게 평가할까? 자신을 어떤 눈으로 보게 될까? 그대도 궁금하지 않은가?

안타깝게도 교사가 좋은 의도로 시작한 조언은 학생들에게 잔소리 내지는 자신을 신뢰하지 않는다는 표시로 해석될 수 있다. 내가 잘하지 못하기 때문에 교사가 저런 말을 한다고 생각하게 만든다. 선생님이 자신의 마음은 보지 않고 '설마 네가 변화할 수 있겠어?'라고 부정적으로 본다고 생각한다. 학생을 불신하는 교사의 태도만큼 학생을 슬프고 아프게, 약하게 만드는 것이 있을까? 학생들도 나의 가치를 인정하지 않는 사람, 자기를 믿지 못하는 사람과는 친해지고 싶지 않을 것이다. 그렇지만 학생들이 교사를 만나지 않고 학교생활을 할 수 있겠는가? 그래서 더 답답하고 반항적으로 행동하는지도 모른다.

학생이 변화하기 위해서는 일정한 조건이 필요하다. 학생 입장에서 이해 가능한 상황이 일관되게 유지되고, 무엇보다 신뢰할 수 있는 사람이 함께 해야 한다. 학교에서 그 사람은 바로 교사다. 물론 가정에서는 철수 어머니처럼 부모가 될 것이다. '그 학생들은 원래 그래요'라든가, '그 녀석은 어떤 애야' 하고 단정 짓는 태도는 전혀 도움이 되지 않는다. 오히려 학생들의 문제 행동을 악화시키는 위험한 자극일 따름이다. 교사의 부정적인 행동이나 낙인은 학생을 믿지 않는다는 일종의 공격 신호와 같다. 그러면 학생은 관계의 문을 닫아 버리거나 한없이 위축되거나 반격하게 된다. 만약 어떤 학급에서 담임교사가 불신의 관점으로 어떤 학생을 보고 있다면 그 한 해는 녀석이 끊임없이 빚어내는 골치 아픈 문제를 처리하느라 바쁠 것이다. 경험해 보지 않은 사람이라면 이상하게 들릴지 모르지만, 그 학생은 선생님이 자신을 사랑하지도, 믿지도 않는다고 느끼면서, 교사가 자신을 어떻게 생각하는지 부정적인 언행을 통해 시험하고 확인할 수도 있다. 만약 부모가 자녀에게 그러하다면 더 심각한 상황이 펼쳐진다. 아무래도 교사보다는 부모의 존재가 더 크기 때문이다. 학생들은 자신에게 중요한 어른들이 나의 진짜 모습을 헤아리지 못할 때, 노력해 봐야 소용없다는 생각에 무기력해지거나 공격적인 모습을 보인다. 적어도 부모와 교사가 학생들의 우산으로 존재하는 기간까지는 그렇다.

학생들은 변한다. 나쁜 요인에도 적응하고 좋은 요인에도 반응하면서 성장해 나간다. 그러니 학생들이 지금 보이는 문제를 평생 가질 거라고 지레짐작하지 말자. '저렇게 해서는 미래에 대한 비전이 없다' 같은 단정도 내리지 말자. 학생을 바라보는 부정적인 시각이 변하지 않으면 학생이 가진 변화의 씨앗 자체를 볼 수 없게 되고, 학생은 불신 속에서 학교생활을 하게 된다. 나는 그와 같은 불신이 교사가 걱정했던 학생의 행동을 실제로 만들어 내는 걸 여러 번 목격했다.

학생이 혹시라도 잘못될까 노심초사하는 교사의 마음은 부모의 그것과 닮았다. 초조한 마음으로 학생이 문제 행동을 고치기를 바란다. 진정 그렇다면 교사는 먼저 학생을 믿는 것부터 시작해야 한다. 그런데 교사가 학생을 믿는다는 건 어떤 의미일까? 학생에게 변화할 수 있는 힘이 내재되어 있음을 확신한다는 뜻이다. 바꿔 말하면 '저 학생이 비록 지금 저런 행동을 하지만 스스로도 더 나아지기를 바랄 것이며, 시간이 지나면 실제로 달라질 수 있다'고 신뢰하고, '어떤 계기로도 학생은 바뀔 수 있다'고 믿는 것이다. 학생을 향한 교사의 마음은 진심이어야 한다. 참으로 다행한 일은 교사의 굳은 믿음은 학생에게 분명하게 전달된다는 사실이다.

교사의 본디 마음은 학생을 걱정하고 염려하는 것이다. 교사라는 이름으로 지내는 시간 동안 자신을 만난 학생들이 저마다의 인생을 건강하고 아름답게 살아갔으면 한다. 결국 학생을 아끼고 사랑하는 마음에서, 학생보다 조금 더 미리 살아 본 성인으로서 그들에게 도움이 될 만한 것들을 가르치고 주고 싶어한다. 그러나 교사의 마음이 가끔은 자신의 의도와 다르게 표현되기도 한다. 잘못된 학생의 행동은 어떻게든 고쳐 주어야 한다는 조급한 마음으로 행동하기도 하고, 문제를 일으키는 학생의 미래가 불안하고 두려워 아는 방법과 경험을 총동원해 가르치려 드는 식이다. 마치 그 행동이 당장 달라지지 않으면 장래에 이 학생이 잘못될 게 뻔하다는 듯 집착하기도 한다. 가족상담에서 만나는 부모들도 그렇다. 암울한 미래의 주인공이 된 아이는 교사나 부모에게 설득당하고 조언을 들어야 한다. 철수 어머니가 깨달은 것처럼 우리도 이런 마음이 무의식적으로 작용하고 있는 건 아닌지 늘 성찰해야 한다.

19 사랑스런 학생을 만드는 요소들

학급에는 다양한 학생들이 있는 만큼 그들의 행동과 상태 또한 각양각색이다. 정서적으로 안정된 학생이 있는가 하면 불안정하고 화를 잘 내는 학생, 무기력하게 보이는 아이들도 있다. 그래서 평범한 일상이 감사하게 여겨질 만큼 하루하루가 다이내믹하고 드라마틱하게 전개될 때가 많다.

학생들이 만드는 불미스러운 일이 학급에서 일어나지 않기를 바라지만 가끔은 의도치 않았던 일이 벌어지기도 한다. 학급은 제각기 다른 성격의 학생들이 학교생활의 대부분을 보내는 공간이다 보니 서로 다른 요소가 충돌하는 일이 많다. 그래서 교사는 학급에서 일어나는 일을 바라볼 때, 눈앞에서 벌어지는 모습에 일비일희하지 않을 필요가 있다. 큰일이 벌어졌다는 생각이 들 때는 그 일에 너무 압도되지 말고 천천히 심호흡을 하면서 시간이 흐르면 해결이 될 것이며, 자신이 그 일을 해결할 수 있다고 마음을 다잡자. 학급에서 안 좋은 사건이 생기면 대부분의 교사는 자신이 무언가 잘못했기 때문에 그런 일이 일어났다고 여기게 된다. 그러나 내 공간에서 발생한 일이라고 해서 모든 원인이나 책임이 교사에게 있지는 않다. 물론 교사가 원인이 되는 경우도 분명 있을 수 있지만, 그렇지 않은 일들도 학급이라는 공간에서 많이 일어난다. 그러니 과도한 죄책감을 가지기보다는 일어난 일을 차분하게, 관여된 학생들이 상처받지 않도록 그 일을 해결하기 위해 노력하는 것이 바람직하다.

교사로 재직하던 시절 학생들을 보면서 가끔 느꼈던 점이 있다. 당시 내 학급에는 학교생활 태도나 학습을 해 나가는 모습이 매우 안정적인 학생들이 있었다. 많은 학부모들을 만나면서 자녀를 양육하는 방법에 따라 학생들이 학교에서 보이는 행동과 태도가 다르다는 사실을 경험적으로 알게 되었는데, 그 과정에서 부모의 어떤 요인이 학생을 정서적으로 안정되게 성장하도록 만드는지 깊이 이해할 수 있었다. 물론 다른 요인들도 있겠지만 내가 관찰한 바로는 몇 가지 특징적인 면이 있었다. 생활과 학습 모두에서 뛰어난 학생들은 부모로부터 자신이 사랑을 받고 있다는 것을 알고 있는 경우가 많았다. 그리고 자신이 어떤 행동과 말을 하더라도 부모가 오해나 곡해하지 않고 있는 그대로 믿어 준다는 신뢰감을 가지고 있었다. 신뢰하는 관계는 교사와 학생의 관계에서 중요한 요소인데, 부모와 자녀의 관계에서는 더없이 중요한 요인이었다. 여기에 더해 부모와 좋은 관계를 유지하는 다수의 학생들은 가족끼리 함께 보내는 시간도 많았다. 내 학생들이 그렇게 자란 환경을 알게 되었을 때 학부모들에게 진심으로 감사한 마음이 들었다. 나는 교사였음에도 학생들의 부모를 통해 배우는 점도 많아서, 그들에게서 얻은 중요한 교훈은 다른 학부모들에게 간접적으로 전하기도 했다.

모든 학생들이 이렇게 자라면 얼마나 좋을까 하는 마음이 들게 하는 학생들이 내 학급에 있었을 때 무척 마음이 든든했다. 친구끼리 다툴까 봐 마음 졸이며 지켜봐야 되는 걱정이 줄고, 도움이 필요하면 부탁할 수도 있었다. 그 학생들과 이야기를 해 보면 상황을 비교적 잘 이해하고 있어서 가끔 이들에게 힘들 때는 힘들다고 솔직하게 털어놓기도 했다. 그러면 그 학생들은 나름 진지하고도 귀여운 대책을 나에게 들려주곤 했다. 이런 교감 덕분인지 더 친밀해지기도 했다. 또 이 학생들은 과제 수행, 수업 태도, 학급 생활, 친구 관계 등에서 다른 친구들에게 본보기가 되어 주곤 했다. 자주적으로 공부했고, 부모와 친구, 선생님들과도 좋은 관계를 유지했으며, 다른 친구들을 이해하는 마음도 컸다. 이 때문에 그 학생들은 그저 어린아이가 아니라 마치 나를 이해하는 존재로 여겼는지도 모르겠다. 그렇다고 해서 내가 그들이 어린 학생이라는 사실을 결코 잊은 것은 아니었다. 그들이 부담스러워할 정도의 행동이나 부탁은 하지 않았다.

학급 학생들이 모두 이런 모습이라면 더할 나위 없이 행복하겠지만 학생들 모두가 안정적이고 자주적이고 배려심 있는 행동을 보이지는 않는다. 친구끼리 자주 다투거나 작은 일에도 불같이 화를 내는 학생들도 있다. 약 30명의 학생들 중에 10~20% 정도만 이런 행동을 한다고 해도 그 학생들이 만들어 내는 여러 사건사고 속에서 1년을 살아가기란 아무리 이해심 많고 마음을 잘 다스리는 교사라도 쉬운 일이 아니다. 그렇다고 나쁜 것만은 아니었다. 때로는 불안정한 학생들과 지내는 시간이 교사로서 배우고 각성하면서 성장할 수 있는 기회가 되기도 했다. 물론 이런 긍정적인 해석은 꽤 오랫동안의 자기 성찰과 통찰을 통해 가능했다. 나는 세상이 이 학생들을 나에게 보내주었을 때에는 내가 미처 깨닫지 못한 어떤 부족한 면이 있어서, 그것을 알고 넘어서도록 도와주기 위해서 기회를 주는 것이라고 생각했다. 사람은 누구나 완전하지 않듯 나 또한 마찬가지였으므로, 아마도 학생의 어떤 면이 나에게 있는 고르지 못한 어떤 점과 마찰을 일으키게 되는 것이라고 생각했다. 그래서 그 기회를 통해 그 학생을 통해 어떤 부족한 면이 그 학생의 특정 요소를 받아들일 수 없도록 하는지 자신을 깊이 들여다보곤 했다. 다행스럽게도 나는 그런 시도를 할 때마다 내 안에 감춰진 옹졸함이나 열등감, 질투심 그리고 부족한 이해심 같은 면들을 어렴풋이 느낄 수 있었고, 이는 나 자신을 탈피하는 계기로 만들어 주었다. 이처럼 우주가 나를 사랑하고, 나를 더 성장시키고 성숙시키기 위해 다채로운 학생들과 다양한 사건 사고를 나에게 화두처럼 던진다고 생각하니, 학생들을 가르치는 일은 마치 도장 깨기를 하는 것처럼 하나하나 깨달아가는 재미가 있었다. 학생들이 가진 어떤 요소가 미해결된 내 문제와 어려움을 돌아보게 만든다고 생각하니, 교사로 사는 동안 점점 성숙할 수도 있겠다는 생각도 들었다. 물론 골치 아픈 문제 상황을 아름답게 포장한다고 생각할 수 있고, 이런 내 해석이 전혀 이해되지 않는 사람들이 있을 줄 안다. 그렇지만 나는 나를 찾아오는 모든 일에는 배우고 깨달을 수 있는 요소가 숨어 있다고 믿는다. 이를 받아들일 때 학생들을 바라보는 내 시선도 마음도 너그러워졌기 때문이다.

예를 들어 학급 친구들과 다툼이 잦거나 작은 일도 참지 않고 화를 잘 내는 학생들에게도 나름의 이유가 있을 거라고 생각하면서 찬찬히 들여다보면 그 과정에서 배우는 점이 적지 않다. 때론 어떤 학생이 보이는 공격성이나 격렬한 저항, 분노를 그의 절박한 마음의 표현으로 여기는 것도 도움이 된다. 이를테면 '저 아이는 지금, 그 누구도 자신의 존재에 관심이 없다고 여기면서 절망하고 있는 걸지도 모르겠구나' 하고 말이다. 이런 마음으로 보면 끊임없이 다툼을 만들어 내는 학생에게 화나는 감정보다는 측은한 마음이 든다. '저 녀석은 사람들에게서 얼마나 사랑받고 싶을까?' 하는 마음도 생긴다. 거친 행동을 하는 학생들도 '자신이 옳다고 생각하는 방식'으로 자기 존재감을 드러내고 있다고 여기면, 그들을 좀 더 이해하게 된다. 규범적으로 올바른 방법은 아닐지라도

'저 학생은 성장한 환경에서 그간의 경험을 통해 배우고 익힌 대로, 옳다고 여기는 그 방식'을 쓴다고 생각하면, 이해할 수 없을 것 같은 행동도 수용할 수 있는 여지가 생긴다. 마음이 아프고 사랑해 주어야겠다는 마음도 든다.

한번 생각해 보라. 교사들 눈에 문제를 일으키는 아이로 낙인찍히거나 친구들로부터 소외되고 싶은 학생이 과연 있을까? 어쩔 수 없이 외톨이로 지내거나 고립되는 경우는 있을지라도, 남들로부터 손가락질 당하는 경험을 원하는 사람은 없다. 학급 친구들이 보는 앞에서 자존심 상하는 일을 겪고 싶은 학생도 없을 것이다. 아무리 어린 나이라도 사람은 어울려서 살아가는 사회적 존재이기 때문에 존재감이 바닥으로 추락할 위기에 처하면 학생은 전 존재를 걸고 대항한다.

학생들을 대하는 교사들의 태도와 방식은 다양하다. 그럼에도 아이들과 자연스럽게 교감하고 긍정적인 관계를 형성하는 교사들에게 몇 가지 공통점이 있다는 생각이 들었다. 그들은 학생들을 직업인으로서 교사가 다루어야 할 일로서가 아니라 진심으로 그들을 들여다보면서 좋아했다. 그들에게서 나는 순수한 인간애를 느꼈다. 내가 감히 흉내 낼 수 없는 그들의 태도를 보면서 때로는 내가 참 작아지고, 과연 내가 선생님을 계속해도 학생들에게 해가 없을까? 하는 생각도 했다. 그들은 자기 자신에 대한 이해도 깊었다. 뛰어난 교사는 학생들을 제대로 관찰하는 만큼 자기 자신도 들여다볼 줄 안다. 곰곰이 생각해 보면 당연한 일이다. 누구에게나 '자기이해'는 중요하다. 자기에 대해 잘 모를수록 다른 사람에게 휘둘리고 타인의 마음을 읽는 데도 서툴다. 어린 학생들과 많은 시간을 보내고, 본이 되어야 하는 교사에게 자기성찰은 아주 중요한 덕목이다. 지금도 생각나는 한 선생님이 있다.

어느 해 3월, 우리 학교에 그녀가 등장했다. 갓 발령을 받은 풋풋한 그녀는 이런 환경에서 어떻게 저럴 수 있나 싶을 정도로 밝았고 잘 웃었다. 저렇게 여려 보이는 선생님이 학생들을 저토록 아낄 수 있을까 의문스러울 정도였다. 종종 첫 발령을 받은 교사들에게서 느꼈던 거리감이 적었다. 종횡무진 교실과 자료실, 연구실을 헤집고 다니며, 학생들과 재미있게 수업할 수 있는 꺼리들을 부지런히 준비하는 모습이 내가 주로 본 그녀의 모습이었다. 그녀는 자기보다 키 큰 고학년 학생들을 친구처럼 대했고, 학생들 역시 이 선생님을 따랐다. 그들을 보고 있으면 서로 사랑하는 친구처럼 보였다. 그렇다고 학생들이 선생님을 만만하게 보거나 함부로 대하거나 하지는 않았다. 그녀 마음속 키워드를 뽑아본다면 아마 학생들, 교실, 수업연구, 그리고 아이들을 좋아하는 마음 같은 단어가 담기지 않을까 싶었다.

그녀가 수업 준비를 하는 것을 보면 어떤 고생스러움도 번거로움도 불평하지 않았다. 그녀의 교실에 들어가면 학생들을 사랑한다는 믿음이 어떤 틈으로도 빠져나가지 못할 정도로 꽉 차 있는 것 같았다. 간혹 어떤 교사들에게서 느껴지던 편안함에 안주하는 것 같은 태도, 직업으로서 교사의 역할을 한다는 느낌은 찾기 어려웠고, 진심으로 그녀의 마음은 인간, 아이들에게로 향한다고 느꼈다. 그래서 그녀를 보면 나 자신이 부끄러웠는지 모르겠다. 저런 이들이 선생님이라는 이름으로 살아가야 하는 게 맞지 않나 하는 생각도 자주 했고, 나는 과연 선생다운지 자문하고 반성했다.

신입 교사였던 그녀는 지금은 결혼을 하고 아이를 낳았으며 10년째 교직생활을 하고 있다. 그리고 놀라운 사실은 날이 갈수록 학생들을 더 아끼고 이해하고 온전히 받아들이는 교사로 발전하고 있다는 점이다. 근래 우연히 그녀의 소식을 접하게 되었는데, 여전히 자신을 성찰하는 태도를 보았다. 존경스러운 마음이 들었다. 작금의 학교 환경이라는 곳에 지지 않고, 적당히 타협하지 않고서도 성숙해 진 그녀의 모습에서 태산 같은 힘이 느껴졌다. 아마도 그녀는 10년 전 자신이 한 선생님의 눈에 그토록 빛나는 선생님으로 보였고, 스스로를 되돌아보게 만들었는지 모를 것이다. 그리고 지금도 멀리서나마 응원하며 따스한 눈으로 보고 있다는 것을 알지 못할 것이다.

내 마음속에 각인되어 있는 그녀는 내 기억 속의 사랑스런 신입 교사이자 날로 커 가는 사람이다. 나는 비록 그녀 같은 아름다운 선생님이 아니었지만, 그녀와 같은 선생님들이 학교에 많으

면 좋겠다는 생각은 그 때도 지금도 하고 있다. 그녀 같은 교사
들이 있는 학교라면 어쩌면 내가 이 책에서 끊임없이 말하고자
했던 그 모든 말들조차 필요치 않을지 모르기 때문이다.

20 학생 앞에서 흔들리지 않는 교사

교사는 교육과정을 운영하면서 학생 생활지도를 하고, 학급 학생들 사이에서 수시로 발생하는 여러 문제를 다루어야 한다. 교사 한 명이 많은 숫자의 어린 학생을 가르치고 보살피는 일은 간단하지도 쉬운 일도 아니다. 학생들 사이에서는 우리 어른들이 생각하는 것보다 많은 일이 벌어진다. 서른 명이면 서른 가지 배경에 서른 가지 색으로 빛나느라 때론 충돌하고 서로 섞인다. 친구들과의 관계에서 빚어지는 어떤 갈등은 교사의 중재가 필요할 정도로 커지기도 한다. 교사가 학생들의 마음을 읽고 그들 간의 복잡한 역동을 민감하게 파악하고 문제를 해결할 수 있는 역량을 필수적으로 갖춰야 하는 이유가 여기에 있다.

어떤 상황에서든 교사가 평정심을 잃으면 모든 게 삐걱거린다. 그중에서도 교사를 무시하거나 공격적으로 대하는 학생으로 인해 마음이 흔들리면 화를 내거나 감정에 휘둘리는 모습을 보이기 쉽다. 자신도 모르게 학생들을 억압하는 태도를 보이기도 한다. 교사의 이런 모습은 학생들과 신뢰 관계를 만들기 위해 그동안 기울인 노력을 물거품으로 만들어 버린다. 감정에 치우친 교사에게서 학생들은 권위와 존경을 느끼기 쉽지 않다. 그래서 교사는 학생들 앞에서 한 순간이라도 이런 모습을 보이지 않도록 해야 한다. 실제로 학생들을 지도하는 과정에서 가끔은 교사의 감정을 심하게 자극하는 상황에 직면할 때가 있다. 아이들에게서 나온 것이라고 믿기 어려운 태도들을 보이는 학생들, 예의 없는 학생들의 행동을 보면 내심 서글퍼진다. '저건 화난 어른의 말 같다, 저런 생각은 세상에 닳고 닳은 어른의 모습 같은데? 혹은 저런 행동은 과연 누구의 영향을 받은 걸까?' 싶은 학생들의 언행을 보자면, 씁쓸하기 그지없다. 저 아이들의 선생님으로 살아가는 시간이 과연 의미가 있을까 싶은 마음도 들고, 저들의 생각에 영향을 미쳤을 학부모들 또한 마음에 걸리기는 마찬가지다.

교사들이 무례한 학생들을 마주하는 일은 반갑지도 쉽지도 않을 것이다. 벚꽃 피던 어느 봄날의 그 선생님도 무례하게 구는 학생과 힘겨루기를 했었고, 내가 알지 못하는 수많은 교실에서도 이 문제는 교사를 괴롭힐 것이다. 학교 부적응 문제로 어려움을 겪는 학생 때문에 상담을 의뢰한 학교에 가게 되면 먼저 학생과 담임교사와의 관계를 확인한다. 교사가 학생의 예의 없는 태도를 보면서 자신을 무시한다고 여기거나 공격한다고 생각하면 둘 사이에 좋은 관계가 만들어질 리 없다. 나쁜 관계가 악순환되는 사이에서 불화와 갈등이 자란다. 그래도 교사와 학생이 파워게임을 할 때는 양쪽의 힘이 비등비등한 경우다. 차라리 어떤 면에서는 이런 상황이 낫다. 어떤 때는 힘의 균형이 완전히 학생들 쪽으로 기울기도 한다. 이런 상황에 처한 교사는 보기가 정말 딱하다. 학생들은 자신들이 교사보다 우위에 있다는 것을 느끼기 때문에 교사를 더 함부로 대한다. 마치 학급 친구를 왕따 시키듯이 따돌리면서 우습게 만들기도 한다.

한 과목을 전담해서 가르치면서 10여 개가 넘는 학급에 1년 동안 수업을 한 적이 여러 번 있다. 그런데 몇 분의 선생님이 기억에 남아 있다. 한 선생님은 내가 오기만을 눈 빠지게 기다렸다. 내가 진행한 수업에서 그 학급의 분위기는 40분 수업 중에서 초반 10분은 엉망이지만 시간이 갈수록 점점 나아졌다. 수업 태도도 나쁘지 않았다. 그런데 학생들이 유독 담임에게는 함부로 대했다. 어떤 학교에 갔을 때는 쉬는 시간마다 나이 어린 담임이 학년 연구실에서 우는 걸 본 적도 있다.

교사 입장에서 학급 학생이 자신에게 예의 없이 굴면 위축되기 쉽다. 어떤 때는 자신이 한없이 초라하고 하찮은 일을 하는 사람 같다는 마음이 들기도 한다. 분노에 차 있고, 서로 싸우고, 끊임없이 문제를 만드는 학생은 교사의 인내심을 시험한다. 그러나 교사 앞에서 무례한 학생들은 다른 방식으로 교사의 의지를 깎

아내리곤 한다. '학생이 감히 선생님에게'라는 식의 말을 하려는 게 아니다. 다만, 학생이 교사의 마음을 헤아리지 못하는 그 상황에 대해 다소 절망적인 기분이 드는 건 어쩔 수 없다고 말하고 싶다.

위축되고 부정적인 마음에 잠식되어서는 안 되지만 여기서 헤쳐 나가는 것도 생각보다 쉽지 않다. 교사의 심적 건강상태에 따라 차이가 나기도 한다. 하지만 핵심은 흔들리지 말고 그 상황을 흘러보낼 수 있어야 한다는 것이다. 무례한 학생들을 볼 때면 가슴이 두근거릴 것이다. 하지만 요동치는 마음은 접어두고 침착함을 잃지 않아야 한다. 자신을 보호하기 위해서라도 예의 없이 구는 학생들의 행동에 융통성 있게 대처하고 평정심을 유지해야 한다. 이럴 때 나는 마음을 차분하게 가라앉히고, 학생들이 어리기 때문에 미숙한 행동을 한다고 여겼다. 그러면 그들 행동이 이해되었고 다음에 취해야 할 절차가 떠올랐다. '학생들은 어리고 나는 어른이다. 학생들이 저런 행동을 하는 것은 배우지 않았거나 몰라서다. 가르치지 않으면 나를 비롯해 누구에게든 저런 행동을 할 수 있다. 나는 교사이니 바람직한 행동을 가르칠 필요가 있다.' 이런 생각이 들면 나는 학생들에게 솔직하게 말했다. 학생들이 그렇게 행동할 수밖에 없었던 상황을 이해한다는 말과 함께, 그러나 그런 행동이 교사인 나에게 어떤 상처를 입혔다는 것도 말하고, 만약 부모님에게 그렇게 행동한다면 부모님도 상처를 입는다는 것을 알려 줬다. 그리고 그런 의도를 전하고 싶을 때는 그런 말과 행동이 아니라 보다 바람직한 행동과 적합한 말이 있다고 설명하고, 행동과 문장을 학생들에게 가르치고 연습시켰다. 그러면 학생들은 다음에는 그런 행동을 하지 않았다. 처음에는 거칠게 굴던 학생들도 무엇이 옳고 그른 행동인지 알게 되고, 곧 해야 할 행동과 그렇지 않은 행동을 구분하게 된다. 보통은 학생들이 잘못된 행동을 하면 그 행동으로 인해 꾸중을 듣게 된다. 하지만 내가 학생들의 상황을 이해할 뿐 아니라 학생들의 의도를 강점관점 해결중심접근에 의거 해 좋은 방향으로 해석해 주고, 또 선생님인 내가 받은 상처를 솔직하게 알려 주며, 앞으로 그들이 취해야 할 적합한 행동을 알려 주면 대부분의 학생들은 변한다. 학생들이 교사를 무시한 행동을 했음에도 화를 내거나 꾸중보다 오히려 자신들이 이해받고, 교사의 속마음을 알게 되고, 적합한 행동방법을 획득하게 되었기 때문이다.

내 기억을 더듬어 보면 나를 포함해 동료 교사들은 평온한 교실을 만들기 위해 다양한 아이디어를 사용했다. 나는 해결중심접근에 기초해 주로 학생들의 태도나 문제 상황을 보는 '내 관점을 바꾸는 방법'을 즐겨 썼다. 내가 써 본 방법 중 가장 효과적이었기 때문이다. 그렇다고 내 방법이 유일하고 최고인 것이라고 말하지는 않겠다. 대부분의 교사가 나름의 멋진 노하우를 가지고 있었을 것이다. 그렇지 않다면 그토록 평온한 교실을 만들기 어려웠을 테니까. 나는 그저 나에게 맞는 방법을 썼을 뿐이다. 학급의 소란스러움 속에서 학생들이 어떻게 움직이는 가만히 바라보는 것만으로도 빙긋 웃음이 났다. 내 눈에 비친 학생들은 그들 나름대로 말하고 움직이고 무언가를 서로 주고받으며 열심히 살고 있었다. 운이 좋았는지 아니면 선생님이 악의 없이 지켜보고 있다는 걸 알아서였는지는 알 수 없지만, 나의 학생들은 서로 다투지 않았다. 대신 가끔은 이렇게 물었다.

"선생님 뭐하세요? 왜 우리를 그렇게 가만히 봐요?"

"아냐 아무것도, 너희들이 너무 예뻐서 정신없이 봤네."

이렇게 말해 주면 학생들은 자신들이 선생님으로부터 사랑받고 있음을 안다는 듯 한껏 으쓱했다.

학생의 부정적인 태도를 다른 관점으로 해석하는 일은 교사가 자신을 보호하고 평정심을 유지하는 좋은 방법이다. 녀석들이 '아직 아이들임'을 되새기거나 '나는 성인이자 어른이다. 저들 역시 시간이 지나면 이런 상황에서 어떤 마음이 드는지 알게 될 것'이라는 장기적인 관점도 도움이 된다. '저 아이들도 성장하면서 스스로 변화하고 더 나아질 것이다. 때가 되면 자신의 모습도 돌아보고 지금보다는 더 나은 태도를 가지게 될 것이다.' 이런 희망을 품는 것도 좋다. 특히 문제 행동을 하는 학생을 보면서 '이 아이가 무언가 어려움을 겪고 있구나'라고 생각하거나, '어떤 점 때문에 그렇게 행동할까?' 감정이입을 하면 마음이 차분해진다. 학생을 지켜보며 '어떤 도움을 줄 수 있을까?', '이런 어려움을 열두 살인 네가 안고 사느라 선생님한테 이렇게 행동하는구나' 같은 시선을 가지면 학생이 하는 행동에 상처받지 않고 날 선 마음도 가라 앉는다.

물론 학생들의 태도가 무례할 때는 선생님도 기분 좋을 리 없다. 그럴 때는 숨을 크게 들이쉬고 잠시라도 그 상황에서 떨어져야 한다. 그래야 떨리는 가슴을 진정시키고 마음을 추스린 뒤 평온하게 학생들을 대할 수 있다.

또 하나, 교사로서 평정심을 유지하는 방법은 학생을 사랑스럽게 생각하고 운명적 만남이라 여기는 마음이다. 이런 마음은 성난 마음을 가라앉히고 관계를 보다 부드럽게 하는 윤활유와 같다. 나는 학생들을 보면서 '나처럼 어느 날 이 우주에 왔고, 각기 다른 부모 아래 태어나고 자라서 이 넓은 세상에서 놀라운 인연으로 만난 아이들'이라고 생각하곤 했는데, 그러면 학생들을 사랑하는 마음이 샘솟았다. '태어나고 자라 결국 죽음을 향해 가는 여정 속에서 교사인 나와 이렇게 만났구나'라고 생각하면 때로 가슴이 뭉클해지기도 했다. 소중한 인연으로 만나 지금 여기 한 공간에서 살아 있는 시간을 나눈다는 건 그 자체로 감동이었다. 때때로 이런 마음을 되새길 때마다 내 앞의 학생들이 있는 그대로 예쁘고 모두 저답게 성장해 가는 사랑스러운 생명체로 느껴졌다.

시대가 아무리 달라졌어도 아이들과 교감하는 효과적인 방법들의 근본은 달라지지 않았다. 어떤 교실에 들어가 보면 유난히 학생들이 담임을 따르는 경우가 있다. 자세히 관찰해 보면 교사가 밝은 표정으로 학생들을 대하고, 학생들의 작은 요청이나 신호를 놓치는 일이 거의 없다. 학생들이 어떤 상태인지 민감하게 살피고, 필요한 도움을 주려고 한다. 그리고 학생들을 내 아이들처럼 여기는 교사가 대부분이다. 애정을 가지고 학생 한 명 한 명을 대하고, 아이들이 어떤 모습으로 교실에 앉아 있는지 늘 관심 있게 살핀다. 아울러 학생들끼리 잘 지내도록 협동할 수 있는 과제를 주고, 함께 어울러서 해결할 수 있는 특별활동을 자주 만든다. 학생들에게 "사랑해!"라고 말하는 걸 주저하지 않고, 무엇보다 학생들이 어떤 경우에도 선생님이 자기편이라는 사실을 의심하지 않도록 늘 말해 준다.

변하는 시대에 따라 사람과 사람 간의 소통 방식도 다양해졌다. 그럼에도 서로 아끼고 사랑하고 믿음을 표현하는 것은 언제나 학생들 앞에서 교사로서 당당히 서게 하고, 자신감 있게 살아가도록 하는 불변의 진실이라 믿는다. 또한 마음속에 학생들에 대한 사랑이 있을 때 학생들의 잘못을 이해하고 변화를 기다려 줄 수 있으며, 학생들의 자극에 휘둘리지 않고 평정심을 유지할 수 있다.

Chapter

IV

학부모를 만나는 날

21 학생을 빚은 가정 환경의 이해

인간은 태어나면서 가족이라는 최초의 공동체에 속하게 된다. 공동체의 구성원들이 영향을 주고받는 것처럼 가족은 가족관계 속에서 서로 영향을 주고받는다. 교육 심리학계의 다양한 연구 들은 부모의 양육 태도와 가족의 의사소통 방식, 가족 관계 등이 학교 부적응과 밀접한 관련이 있다고 입을 모은다. 이를테면 부모의 양육 태도는 학교폭력의 가해 행동에 영향을 주는 요인으로 작용하며 비행이나 공격성과도 관계가 있다. 부모와 자녀 간의 의사소통 방식은 학교 부적응 행동이나 학생의 자살 충동과 연관되어 있는 것으로 알려져 있다. 또 가족관계는 과잉통제, 불안, 우울, 위축 및 신체적 증상 같은 내재화 행동문제와 과소통제, 공격성 및 파괴적 행동을 특징으로 하는 외현화 행동문제 모두에 영향을 미치는 것으로 밝혀졌다. 최근에는 부모가 겪는 양육 스트레스와 우울이 자녀의 내재화 및 외현화 행동문제에 영향을 미친다는 연구도 늘고 있다.

학생이 온전히 성장하는 데 있어서 가정 환경은 대단히 중요하다. 관련해서 매우 흥미로운 연구가 있어 소개한다. 미국 플로리다주립대학의 범죄학자 케빈 M. 비버 교수가 이끄는 연구팀은 미국 청소년들의 DNA 자료 분석을 통해 비행 집단에 가담한 청소년들에게서 공통적으로 나타나는 유전적 변이를 찾아냈다. 연구진은 남자 중고교생 1,816명의 DNA 자료와 동료집단, 가족을 분석했는데, 그 결과 도파민 수송체 유전자DAT1의 특정 변이 여부가 비행 집단 가담 여부와 통계적으로 큰 관련이 있음을 알아냈다.

연구에 따르면 DAT1 유전자의 특정 변이를 가진 청소년이 만약 어머니가 없거나 어머니의 보살핌을 제대로 받지 못하는 가정에서 자랄 경우, 이 변이가 없는 청소년에 비해서 비행 집단에 가담할 확률이 매우 높았다. 그런데 흥미롭게도 DAT1 유전자 변이를 가진 청소년이라 하더라도 어머니 사랑을 받으며 성장한 경우에는 유전자 변이와 비행 집단 가담 사이에 통계적으로 유의미한 관련성이 없었다. 다시 말해 DAT1 유전자 변이를 보유하고 있더라도 '어머니의 사랑이라는 가정 환경'이 비행에 가담하거나 억제하는 결정적 역할을 했다.

이 연구에서는 어머니의 보살핌과 사랑이라는 변수를 들었지만, 단순히 어머니에 국한하기보다는 부모의 양육 태도, 가족 관계와 같은 양육 환경과 폭넓게 관련지어 검토하는 게 적절할 것이다. 부모가 자녀와 개방적으로 의사소통하고, 서로 신뢰하는 관계 속에서 생활하는 것과 그렇지 못한 환경에서 살아가는 경우는 차이가 크다. 연구진이 내린 결론도 같은 맥락에서 이해할 수 있다. 가정 환경에 따라 나타나는 유의미한 차이에 대해 비버 교수는 "지속적인 스트레스나 가정에서의 지원 부족 등이 DAT1 변이 유전자를 작동시키는 역할을 할 수도 있고, DAT1 변이 자체가 비행 집단에 끌리게 하는 역할을 할 수 있지만, 화목한 가정의 부모가 이런 유전적 성향을 잘 통제하는 것일 수도 있다."라고 설명한다.

 학생 성장 배경으로서 가정 환경의 중요성을 엿볼 수 있는 사례가 또 하나 있다. 미국의 뇌신경과학자인 제임스 팰런 UC어바인 의대 교수는 사이코패스를 연구하는 사이코패스 과학자로 알려져 있다. 그는 자신이 사이코패스라는 사실을 뜻밖의 계기로 알게 되었다고 전해진다. 학술 연구를 하던 팰런 교수는 연쇄 살인마들과 일반인들의 뇌를 스캔한 자료를 뒤섞어 블라인드 테스트를 했다. 그러던 중 알려지지 않은 누군가가 전형적인 사이코패스의 뇌를 가지고 있음을 발견했다. 그런데 그 뇌의 주인은 바로 팰런 자신이었다. 이 사실을 믿을 수 없었던 팰런 교수는 조사를 했고, 그 과정에서 자신의 부계 혈통에 악명 높은 친족 살해범 같은 흉악범들이 있었다는 것을 발견하게 되었다. 즉 팰런 교수는 사이코패스의 피를 유전적으로 이어받은 것이었다.

　그의 주변인들의 보고와 어린 시절의 예를 보면 그에게 사이코패스의 특징인 공감력 결여의 특징이 드러난다는 걸 알 수 있다. 그의 저서 『괴물의 심연』에는 놀기 위해 아무렇지 않게 약속을 깨고, 영안실에서 소녀 시체를 보며 유족들에게 "드레스가 멋지네요."라고 말했다는 어릴 적 이야기가 소개된다. 그러나 자신을 친사회적인 사이코패스라고 표현하는 그는 사이코패스는 범죄자가 된다는 주장에 대해 반대 주장을 편다. 사이코패스는 반드시 범죄를 저지른다는 선입견과는 달리 그는 폭력 전과가 없고 부모의 사랑 속에서 자라 뇌신경학자가 되었으며 세 명의 자녀와 아내를 둔 평범한 남편이기 때문이다.

　팰런 교수의 예를 보면 유전학적으로는 사이코패스일지라도 실제로는 반사회적인 사이코패스로 성장하지 않았음을 알 수 있다. 그는 따뜻한 가정에서 부모의 사랑을 받으며 자랐다. 이 사례로부터 화목한 가정의 분위기에서 성장한 경험이 그에게 긍정적 영향을 끼쳤을 것이라는 점을 유추해 볼 수 있다. 팰런 교수는 연구를 통해 사이코패스의 발현에는 환경적인 원인도 함께 작용된다는 것을 밝혔는데, 이는 비버 교수의 연구에서 도출된 '가정 환경이 비행에 가담하거나 억제하는 데 결정적 역할을 한다'는 결론과도 일맥상통한다. 범죄 행위를 생물·사회범죄학적 측면에서 조명한 논문을 50편 이상 발표한 비버 교수는 범죄는 유전적 요인과 환경적 요인이 한데 얽혀 발생한다고 보았다. 그의 입을 빌리면 청소년기에는 사회 환경과 가정 환경이 타고난 유전적 영향을 더 악화시킬 수도 있고 완화시킬 수도 있다고 한다. 즉, 유전체뿐 아니라 성장하는 환경이 매우 중요하다는 말이다.

학생을 지도하는 과정에서 교사는 학부모와 접촉해야 하는 경우가 많다. 직접 만날 때도 있지만 만나지 않고도 학생의 행동과 태도를 보면서 그 너머 존재하는 부모라는 그림자를 느낀다. 학부모들은 새로운 학년이 될 때마다 '담임선생님에 따라 내 아이가 달라진다'고 말할지 모른다. 그러나 교사는 안다. 태어나 영유아기를 거쳐 학교에 오기까지 그리고 학생이 된 현재에도 부모가 끼치는 영향은 그 무엇과도 견줄 수 없다는 점을. 교사들이 부모를 향해 "현재 자녀의 모습을 만든 사람은 바로 당신입니다."라고 대놓고 말하지는 않지만, 해마다 수십 명의 학생들과 그 부모를 만나다 보면 학생과 부모의 관계는 뗄 수 없을 만큼 깊다는 사실을 분명하게 인식하게 된다.

학생의 성장 환경이 중요하고 부모의 그림자가 짙다고 해서 학생이 문제 행동을 할 때 그 책임을 오로지 부모에게 돌려도 된다는 뜻은 아니다. 그런 태도는 교사의 책무를 다하지 않는 것이다. 학생의 성장 환경에는 가정 환경만 해당되는 게 아니다. 사회 환경으로서의 학교 환경 또한 포함되며, 학교에서 맺는 관계 또한 학생에게 영향을 미친다. 예를 들어 학교에서 또래와 교사로부터 인정받는 학생과 친구들과 어울리지 못하고 따돌림을 당하는 학생을 비교해 보면 두 학생에게 학교의 경험이 어떤 차이를 가져올지 이해가 될 것이다.

만약 자신도 모르게 학생 문제의 원인을 가정이나 부모의 양육 태도로만 전가하는 교사가 있다면 현재 본인 모습을 돌아볼 필요가 있다. 혹시 학생이나 학부모와 갈등을 겪고 있지는 않은지, 또는 그런 일로 곤경에 처해 있지는 않은지 말이다. 교사는 학생을 위해 건강한 자원으로 기능하고 좋은 영향을 주도록 해야 한다. 모든 학생은 부모나 교사의 돌봄 아래 있어야 한다. 학부모가 관심을 두지 않는 학생이라면 교사는 더더욱 학생을 위해 건강하고 튼튼한 자원이 되어야 한다. 부모가 하지 않는다면 교사가 지지자가 되어야 한다. 너무하다고, 힘들다고 툴툴거려도 어쩔 수 없다. 부모가 돌보지 않는 학생을 교사마저 모른 체할 수는 없지 않은가?

22 그 부모들은 왜 그랬을까?

　푸른나무재단에서 의뢰받은 강의를 하고 있다. 지난해의 일이다. 강의 대상은 수강 명령을 받은 위기청소년들의 부모들이었다. 강의 준비를 할 겸 조금 일찍 강의장에 도착하니 부모님 몇 분이 이미 자리하고 있었다. "안녕하세요!" 인사를 하며 들어섰지만 나를 바라보는 표정은 그다지 호의적이지 않았다. 흘깃 쳐다본 뒤 고개를 돌리거나 무표정한 얼굴, 어쩐지 화난 것 같은 모습, 방어적인 태도 일색이었다. 애써 밝은 목소리로 말을 건네며 걸어 들어가는 등 뒤로 서늘한 시선이 느껴졌다. 학교폭력 가해학생의 부모교육에서도 이와 비슷한 광경이 펼쳐진다. 그럴 만도 하다. 잘못을 저지른 아이의 부모가 되어 의무적으로 교육받는 시간이 편한 사람은 없을 테니까.
　수강명령을 받은 청소년들의 부모를 만날 때나 학교폭력 가해 학생의 부모들에게 교육을 진행할 때는 유독 신경이 쓰인다. 그들의 눈에 내가 어떻게 비칠지 걱정스럽기도 하다. 신뢰감을 주도록 복장을 단정하게 하고 표정을 부드럽게 짓는다. 그리고 부모들의 입장을 헤아려 보려 애쓴다. 이 교육은 강의 주제와 내용이 어느 정도는 정해져 있다. 하지만 주제를 전달하는 방법은 내가 결정할 수 있다.

나는 이 강의를 진행하는 동안 자녀가 수강명령을 받은 일이 부모가 양육을 잘못한 결과라는 뉘앙스를 풍기지 않도록 조심한다. 동시에 부모들이 과도한 죄책감을 가지지 않도록 신경 쓴다. 그리고 부모의 역할이 쉽지 않다는 점에 공감하면서도 자녀 양육에서 반드시 필요한 태도와 버려야 할 부모의 태도에 대해서 설명한다. 이후 부모들이 평소 본인의 행동을 반추하면서 점검하도록 할 수 있는 시간을 주는데, 이 과정을 통해 부모들은 바람직한 양육행동을 차츰 그려 보게 되는 것 같다.

내가 교육을 진행하면서 부모들의 대화 방식을 검토하는 데 가장 많은 시간을 들인다. 이미 알다시피 말에 우리의 관점이 드러나기 때문이다. 그래서인지 이 활동을 하며 적잖이 자극을 받는다. 앞서 소개한 교사들과 진행하는 연수에서 교사들이 그러했듯, 부모들 또한 우리가 쓰는 말을 구체적으로 검토하는 과정에서 굉장히 충격을 받는다. 교사들과 하는 컨설테이션 시간에 어떻게 활동하는지 이미 자세하게 설명했으므로 이 시간에 부모들과 하는 구체적인 활동은 여기서는 생략하도록 하겠다. 많은 부모들은 이 활동을 하면서 쓴 웃음을 짓거나 당혹스러워 한다. 대개는 자신의 관점이 부정적인 쪽으로 기울어져 있어서 어떤 상황을 보는 것도, 자녀를 대할 때도 긍정적으로 잘되지 않을 뿐 아니라 수정하기도 쉽지 않음을 깨닫기 때문에 괴로워하는 부모들도 많다. 이날 참여했던 부모들도 그랬다. "내가 지금까지 아이한테 무슨 말을 했는지 모르겠네요.", "내가 이런 말을 쓰고 있다는 걸 몰랐네요." 같은 말을 연습 도중에 종종 했다.

그날, 세 시간의 강의를 마친 뒤 자료를 정돈하고 있을 때 교육 담당자가 와서 물었다.

"선생님, 어떻게 하신 거예요? 마지막 시간에는 문 열고 들여다보고 싶은 걸 겨우 참았어요. 부모님들 표정들이 완전히 바뀌었어요."

강의가 끝나고 한 아버님은 평소 자신의 말과 행동에 대해 진지하게 생각하게 되었다고 솔직하게 말했다. 나이 많은 한 수강생은 강의를 듣는 내내 연신 수첩에 메모했다. 기대하지 않았던 시간이었는데 너무 큰 것을 얻었다고 말하는 참가자, 부모인 자신이 먼저 변해야 한다는 사실을 알게 되었다는 사람도 있었다. 사실 이런 광경은 매 번 수업이 있을 때마다 펼쳐진다. 그럴 때마다 그 부모들을 보면서 여러 생각이 든다.

'이 분들은 자녀들에게 어떻게 말하고 어떻게 대해야 하는지 정말 알지 못했었구나. 만약 그걸 알고 있었다면 이 자리에 오지 않았을 수도 있겠구나. 좋은 부모가 되는 방법을 좀 더 일찍 배웠더라면 지금에 와서 저토록 후회하지 않았을 수도 있겠구나.'

물론 그 부모들이 어떤 것을 미리 알았다고 해서 반드시 그대로 행동했으리라고 단정할 수는 없다. 그렇지만 알고 있었다면 적어도 다르게 행동을 선택할 기회는 있었을 것이다.

몇 년 전 대학원에서 가족복지 강의를 할 때 부모들의 행동에 대해 토론을 한 적이 있었다. 한 상담 접근법을 다루는 시간에 학생이 질문을 했다. "부모는 자녀에게 최선의 것을 주려 한다."라는 글의 의미를 이해할 수 없다는 것이었다. 예를 들어 자녀를 방치하고 학대하는 부모가 어떻게 최선을 다했다고 볼 수 있느냐는 질문이었다. 수업을 듣는 학생들 중에는 사회복지 기관에 근무하는 이들이 많았다. 질문자 역시 어려운 환경에서 살아가는 아이들을 만나는 빈도가 높았기에 충분히 제기할 수 있는 문제였다. 사실 나도 예전에 상담을 공부하며 가졌던 의문이기도 했다.

나는 조심스레 입을 열었다. "가끔씩 언론에 보도되는 너무나 끔찍한 아동학대는 말 그대로 크나큰 범죄입니다. 이런 사건은 언론에 보도되고 많은 사람들이 충격을 받을 정도로 흔하게 일어나는 일은 아닙니다. 지금 우리 수업에서는 이와 같은 범죄를 다루는 게 아닙니다." 먼저 이점을 분명히 하고 설명을 이어 갔다. 그리고 여기서 말하는 '최선'이 우리나 학생의 입장이 아니라 아이러니하게도 그 환경에 처한 부모 입장에서의 최선을 뜻함을 이야기했다. 예를 들어 부모가 올바른 양육 방법을 배웠다면, 자녀들을 방치하는 것이 얼마나 큰 위험을 초래하는지 알았다면 부모는 현재와 같이 하지는 않았을지 모른다. 만약 심리적으로 안정되어 있고, 대안이 있는 환경이었다면 부모는 자녀들에게 현재와 다르게 행동했을 것이다. 자녀들을 차별하면 어떤 결과를 낳는지, 자신의 말이 자식들에게 어떤 영향을 미치는지 자각하고 있었다면, 그리고 기본적인 생계를 걱정하지 않을 수 있는 소득이 있었다면, 그랬다면 부모는 현재와는 다른 방식으로 자녀들을 대할 수도 있었을 것이다. 또 부모들 역시 유년을 거쳐 현재에 이르렀고 성장 과정에서 배웠으므로, 그들로서는 '부모가 생각한 최선의 것을 주려 했다'는 다층적인 의미가 그 이론의 가정에 포함되어 있음을 설명했다.

거듭 강조하건대 부모를 이해한다고 해서 부모가 학생에게 저지른 어떠한 부적절한 행동이나 태도가 수용되거나 용서되어야 한다는 뜻은 결코 아니다. 상식적으로 이해할 수 없는 범죄를 저지른 부모들에 대해 그 행동의 이유를 이해하란 뜻도 절대 아니다. 부모는 자녀에게 최선의 것을 주려 한다는 가정은, 피해를 입은 아이나 도움이 필요한 학생이 있을 때 그들을 지원하기 위해, 또 그들에게 발생한 문제를 해결하도록 돕기 위한 목적에서 그 부모를 이해하는 과정에서 필요하다는 의미다. '학생을 돕고 학생의 치료를 위해 부모 역시 측은한 면을 가졌다는 것'을 전제로 출발한다는 뜻이다. 이런 가정을 납득하는 일이 쉽지는 않다. 그러나 어떤 경우든 상대를 깊이 이해하는 것은 우리가 직면한 문제를 조금이나마 수월하게 해결하도록 해 준다.

역시 그날, 푸른나무재단에서 진행한 강의를 마친 후 들른 찻집에서 우연히 교육에 참가한 부모님이 말을 걸어왔다. 한결 부드러워진 말과 밝은 표정에도 기분 좋았지만, 무엇보다 '적어도 오늘부터는 과거와는 다른 눈으로 자녀를 보리라' 다짐하는 눈빛이 전해지는 것 같아서 기뻤다. 사람이 생각을 바꾸기가 얼마나 어려운가. 자신이 믿고 있던 것을 의심하면서 타인의 말에 귀 기울이고, 옳다고 믿어왔던 생각을 내려놓고 다른 걸 받아들이는 건 정말 대단한 일이지 않은가. 한 번의 강의를 듣고 부모들이 모두 바라는 변화를 일으키는 데 성공하리라 확신할 수는 없다. 그러나 적어도 자신의 문제점을 알았고, 바뀌어야 한다는 걸 알았으며, 작은 변화를 위해 어디서부터 시작하면 좋을지 알게 되었다는 사실이 중요하다.

나에게는 교육에 참여했던 부모들 중 단 한 사람만 나아져도 큰 의미가 있다. 모든 가치 있는 변화는 작은 시도에서 출발하지 않는가. 누군가의 가족에게 있을지도 모를 작은 시도는 그래서 의미가 있다. 강의가 끝나기 전, 새롭게 시도한다고 해서 한 번에 변화가 일어나지는 않을 테니 실패하더라도 포기하지 말고 다시 시작해야 한다고 설명했다. 한번 해 보다 '에이, 안 되네' 하면서 그만두어서는 안 된다고 힘주어 말했다. 밥 한술에 배부를 순 없다. 확실한 건 한 걸음씩 걷고, 넘어져도 다시 일어나 걸으면 적어도 어제보다는 다른 곳에 서게 된다는 것이다.

23 누구나 부모가 처음이다

결혼을 하고 난 뒤에도 엄마가 나를 사랑한 적이 없다고 생각했다. 어린 시절을 떠올려 보면 따스하게 토닥토닥 마음을 알아주지도 않았고, 칭찬도 별로 안 해 줬으니까. 그런데 여든여섯 어머니는 지금도 날 위해 밑반찬을 만드신다. 봄이면 집 마당에서 나는 온갖 푸성귀와 시골 장에서 구입한 산나물을 종류별로 신문지에 말고, 여름이면 갓 딴 옥수수를 쪄서 꽁꽁 얼린다. 계절에 따라 내가 좋아하는 음식들은 택배 상자에 담겨 우리집 현관 앞에 놓인다. 과거 내가 직장 생활을 하고 아이들을 키우느라 바쁠 때는 물만 부어 끓이면 내가 좋아하는 국을 먹을 수 있도록 첨가할 양념까지 싸서 보내셨다. 그때는 요즘처럼 쉽게 음식을 데워 먹을 수 있는 재료가 나오던 시대가 아니었다. 아이들이 어렸을 땐 집에 오셔서 내가 출근하고 없는 사이 집 안 구석구석은 물론

이고 창고까지 정리 정돈해 놓고 내려가셨다. 그런데 그때까지도 나는 몰랐다, 그게 엄마가 날 사랑하는 방식이었음을.

지금으로부터 약 14년 전쯤 '자기분석과정'을 밟던 어느 날, 그 모든 행위가 엄마가 나를 사랑하는 방식임을 뒤늦게나마 깨달았다. 상담자가 되기 위해서는 자신을 있는 그대로 돌아보는 시간이 필요하다. 2008년 나는 한국단기가족치료연구소에서 6개월간의 자기분석과정을 밟았다. 소수의 인원이 오랜 시간을 들여 자신의 생각과 감정, 가족과 일 등을 돌아보는 내면 탐험을 했다. 우리나라 가족치료의 역사가 시작된 장소에서 최고 수준의 수퍼바이저가 이끄는 손을 잡고 '나'에 대한 탐구를 하면서 내 안에 숨겨진 아픔과 상처, 내가 몰랐던 강점과 부족한 점을 발견했다. 6개월 동안의 자기분석과정을 통해 내가 어떤 사람인지, 원가족과 다른 가족들의 차이, 세상을 보는 관점들도 짚어 보았다. 그렇게 내 마음속을 헤엄쳐 다니며 시커먼 돌들을 들추고 속속들이 살펴보았다. 그러면서 알게 되었다. 엄마가 나를 사랑하지 않은 게 아니라는 사실을. 내가 원하던 모습이 아니어서 사랑이라고 생각하지 못했을 뿐 엄마는 당신의 방식으로 힘껏 나를 사랑하고 있다는 것을. 그걸 알지 못했던 나는 성인이 되고 결혼까지 했으면서도, 사랑받은 적이 없다고 여기며 어머니와 먼 마음으로 살았다. 누구보다 넘치는 사랑 속에 살았으면서도 깨닫지 못했던 것이다.

부모가 되어 자식을 키우면서 내 부모의 입장을 헤아리기 시작했다. 부모로 사는 일은 희생정신이 부족한 나에게 내린 신의 배려일지도 모른다는 혼잣말을 주문처럼 하곤 했다. 어떤 종교도 가지지 않았지만 그런 마음이 들었던 걸 보면 부모로 사는 나날이 무척 고단했던 모양이다. 조건 없는 사랑이란 어떠해야 하는지 두 아이를 키우면서 아프게 배웠다. 그리고 그 과정에서 나도 조금씩 성장한 것 같다. 부모가 되어 보기 이전에 나는 결코 내 부모를 이해할 수 없었고 더구나 부모의 자리에서 부모의 유년을 그려보는 일은 하지 못했다. 이기적이고 미성숙했다. 나이를 한참 먹고 나서야 부모가 자식을 사랑하는 마음에 자식이 부모를 위하는 마음은 비교될 수 없다는 걸 알았고, 쓸쓸한 일이긴 하지만 그게 자연의 섭리일지 모른다는 생각을 했다.

내가 그랬고 우리의 부모들이 그랬듯 사람은 가족의 영향에서 자유롭지 않다. 가족 안에서 자라는 동안 쌓은 온갖 경험은 우리가 세상을 보는 방식과 대인 관계 등에 많은 영향을 미친다. 교사들이 만나는 학생들의 부모도 각자 자신이 처한 환경 속에서 성장해 아버지가 되고 어머니가 되었다. 유년기와 성장기 속 상처와 슬픔, 좌절과 고통, 그리고 사랑의 경험이 한데 섞여 부모가 되었을 것이다. 그리고 본인이 보기에 옳고, 도움이 된다고 생각하는 것들을 자식에게 가르칠 것이다. 내가 부모에게 원망이나 미움을 가질 수 있듯, 학부모들 또한 그들의 부모를 향해 애증과 서운함을 깊이 숨겨두고 있을지 모른다. 그 마음으로 부모로 살아가고 있는지도 모른다.

양육자와 건강한 애착 관계 속에서 유년을 보낸 아이들은 청소년기에 자기 정체성을 형성하고, 독립적인 성인으로 성장한다고 알려져 있다. 성인이 되어서는 독특함을 지닌 한 개인으로 타인과 관계를 맺고 직업을 선택하는 데도 주도적이다. 뿐만 아니라 자신처럼 독립적인 상대를 만나 따뜻한 사랑을 나누고 안정적인 부부관계를 형성한다. 그들은 상대방의 사랑에 집착하지 않고, 부부로 살아가더라도 배우자만을 위한 삶을 살지는 않는다. 한마디로 그들은 정신적으로 건강하고 배우자와 자신을 독립적으로 생각한다. 결혼한 상대 또한 고유한 개별성을 지닌 존재로 인정하며 부부생활을 꾸려나간다. 그렇게 개별화되고 독립된 성인으로서 건강하고 좋은 부모로 성장해 간다.

교사의 이야기를 하다가 왜 부모의 삶을 말하는지 궁금한 이가 있을지 모르겠다. 나는 내 학생들을 이해하기 위해서는 학부모들도 제 각기 주어진 삶의 여정에서 부모로 힘껏 살아간다는 점을 짚고 싶었다. 학부모들 또한 그 부모의 희생 속에서 컸지만 현재는 제 자식들이 가장 중요하고, 자연스레 자녀들에게 집중하고 있을 것이다. 그들의 부모가 주었던 아름다운 마음을 나름의 방식으로 자식에게 아낌없이 쏟을 것이다. 교사는 학부모라는 사람들이 그들 삶의 연속선상에서 학생을 사이에 두고 자신 앞에 섰다는 사실을 알아야 한다. 물론 교사로서 우리는 학생들에게 초점을 맞추는 게 당연하지만, 바로 그 학생들을 온전히 이해하기 위해서 때때로 학생과 학부모가 현재 생의 어느 단계쯤에 와 있는지 생각해 보기를 권하고 싶다.

이때 유념해야 할 부분이 있다. 이미 언급했듯 학부모들은 성장 환경, 경험, 배움, 경제적인 면 등에 따라 세상을 보는 관점과 자녀를 사랑하는 방법도 제각각이다. 부모의 사랑법은 저마다 달라서 부모들은 자녀를 아끼는 마음을 자신만의 방식으로 보여 준다. 부모는 마음속에 가득 찬 사랑을 자신이 아는 방식으로 표현한다. 부모들은 옳든 그르든 본인만의 양육행동 패턴을 가지게 되고, 스스로 깨치고 다른 사랑의 방식과 기술을 알게 되기까지는 본인이 자녀를 향해 최고의 사랑을 실천하고 있다고 믿는다는 점도 잊지 않아야 한다.

오래전, 토요일에도 등교하던 때 있었던 일이다. 토요일 오후 퇴근하려고 준비하고 있는데 교무실로 전화가 걸려왔다. 마침 그 자리에 있어서 전화를 받았다.

"5학년 2반 선생이에요?"

"네, 그런데요."

"아니 무슨 선생이 애를 지금까지 안 보내. 도대체 뭐하느라고!"

"네? 누구시죠?"

"나, 철수 엄마예요."

"아, 그러세요. 철수 집에 갔습니다."

"무슨 소리야, 아직 안 왔는데! 그리고 왜 맨날 우리 철수만 청소시켜요? 애 혼자 어떻게 청소하라고. 무슨 선생이 그렇게 생각이 없어. 그래서 매일 늦게 어두워져서 들어오잖아!"

"네? 진정 하세요, 어머니. 철수가 혼자 청소를 했다고 하던가요? 그런 적 없습니다. 일단 철수는 오늘 청소 당번인데도 청소하지 않고 수업 마치자마자 집으로 갔습니다. 그리고 나머지는 월요일에 철수하고 이야기한 뒤 연락드리겠습니다. 철수 들어오면 연락주세요. 저도 걱정됩니다."

읽으면서 짐작했겠지만 이때는 우리가 유선전화를 사용하던 시기였고, 나는 삼십 대 초반이었다. 전화기 너머 들리는 목소리가 날카로웠는지 아니면 침착하게 억누르는 내 목소리에서 뭔가 심상찮은 낌새를 감지했는지 교무실에 있던 선생님들이 걱정스럽게 물었다. 학부모님의 전화라고 말하고 교실로 올라갔다. 조금 후 다시 연락해 보니 다행히 철수는 얼마 있지 않아 집에 들어왔다고 했다.

주말 동안 마음이 무거웠다. 기분도 언짢았다. 여러 학부모들을 만났지만 어떻게 된 정황인지 담임에게 확인도 하지 않은 채 다짜고짜 소리치는 학부모를 보면 심란하다. '이게 도대체 무슨 일이지?' 싶은 마음도 들고, '진짜 그렇게 말한 거 맞지?' 스스로에게 물어볼 정도로 통상적인 학부모의 태도와는 거리가 멀었다. 얼떨떨해서 사실 믿어지지 않았다고 하는 게 정확할 것이다. 철수 어머니의 목소리는 싸움을 하는 상대에게 퍼부을 법한 말투였는데, 내가 그 말을 들을 정도로 무엇을 잘못했는지 이해할 수 없었다. 그러나 생각해 보면 그런 사람이 내 학부모가 아니어야 할 이유도 없었다.

학생들도 그런 경우가 있지만 학부모 중에도 교사를 함부로 대하는 이들이 있다. 대개는 형식적으로라도 예의를 갖추지만, 이런 상식을 깨뜨리는 학부모도 있다. 학생이 무례하게 굴 때 마음이 뒤죽박죽되는 것처럼 이런 일이 생기면 교사의 마음에는 소용돌이가 휘몰아친다. 하지만 교사에게 유용한 무기는 언제나 평정심을 유지하는 태도다. 어떤 경우든 감정을 절제하고 통제력을 발휘해 평상심을 잃지 않는다. 학생들 앞에서와 마찬가지로 학부모와의 관계에서도 같은 자세가 필요하다.

월요일 날, 등교한 철수를 따로 불러 이야기를 했다. 철수의 말인즉슨 거의 매일 놀다가 집에 늦게 들어갔고, 그 때도 선생님이 청소를 시켰다고 말했으며, 심지어 지난 금요일에는 선생님이 자기한테만 청소를 시켜서 늦었다고 말했다는 것이다. 나는 철수에게 "엄마는 학교 상황을 볼 수 없기 때문에 네가 말하는 대로 그대로 믿으신다. 진짜로 선생님이 그렇게 시켰니?"라고 물었다. 철수는 고개를 떨궜다. "사실과 다르게 말하면 다른 사람들이 서로 오해하는 일이 생겨. 엄마와 선생님이 네 일로 소리치면서 다투는 거 바라는 건 아니지?" 하고 말했던 것 같다.

철수에게서 자초지종을 듣고 난 후 철수 어머니에게 전화를 했다. 그리고 사실대로 상황을 설명했다. 왜냐면 철수 녀석이 그동안 자신이 불리할 때마다 선생님 핑계를 댔던 모양인지 나에 대한 철수 어머니의 오해가 심했기 때문이다. 나는 철수어머니에게 철수가 거의 매일 학급에서 크고 작은 문제를 일으키는 점, 청소 당번이었을 때도 청소하지 않고 몰래 집에 가버려서 다른 친구들이 대신 그 청소를 했던 일을 말했다. 그리고 딱 한 번, 몰래, 청소하지 않고 집에 가는 철수에게 이야기를 해야겠다 싶어서 남으라고 말한 적이 있다고 했다. 혼자 청소를 시켰다고 하는 건, 아마도 이 일을 말하는 것 같다고 하면서. 그리고 만약 담임교사가 학생을 남겼다면 그럴만한 일이 있었을 것이고, 그게 청소 때문이라면 선생님이 청소를 더 했으면 했지 어떻게 학생에게 혼자 청소하라고 시켰겠느냐, 이런 취지로 말했다. 그게 누구든 오해할 수 있는 상대에게 특히 학부모에게 내 학생의 잘못을 조목조목 말하는 건 하고 싶지 않은 일이었지만, 이런 경우는 사실을 알리는 게 낫다고 판단했다.

나의 설명을 듣고 철수 어머니는 적잖이 당황했다. 철수가 하는 말만 듣고 그렇게 믿었다고 했다. 그래서 철수 어머니에게 "아이들은 철수뿐만 아니라 불편한 순간을 모면하기 위해 간혹 자기에게 유리하게 이야기 할 때가 있습니다. 교사가 어떻게 학생 한 명에게 교실 청소를 시킬 거라고 생각했는지 모르지만, 전혀 그렇지 않습니다. 그리고 담임에게 전화하면서 첫 마디가 '몇 학년 몇 반 선생이에요?'라고 하는 건 일반적이지 않은 표현입니다. 그리고 다음에는 선생이 아니라 선생님이라고 불러 주세요."라고 했다. 철수 어머니는 미안하다고 사과했다.

다행이었다. 철수 어머니가 자초지종 설명을 듣고 바로 사과한 것은 정말 고마운 일이었다. 간혹 어떤 점을 꼬투리 삼아서 물고 늘어지는 경우도 있어서, 내 말을 믿어 줘서 고마웠다. 알고 보면 철수 어머니도 아들을 사랑하는 마음에 담임교사에게 이의를 제기한 것이다. 철수를 아끼는 마음이 없었으면 그런 행동을 할 이유도 없었다. 이웃집 아주머니가 철수의 말을 들었다면 선생님 욕이나 한번 하고 넘어갔을 수도 있다. 그러나 철수의 어머니는 아들을 보호하는 존재이기에 그럴 수 없다. 다른 부모들처럼 철수 어머니도 자신의 방식으로 철수를 사랑하고 있는 것이다.

이처럼 학부모와 관련해서 예기치 않은 일에 직면할 때, 학부모가 교사를 오해나 곡해하는 상황이 생길 때, 교사는 그 상황을 한걸음 떨어져서 살펴볼 필요가 있다. 자기 앞에 벌어지는 사태를 객관적으로 응시하는 일이 쉽지는 않지만, 표면적으로 드러나는 학부모의 말이나 태도보다는, 어떤 이유에서 교사에게 그렇게 행동하는지 이유를 따져보는 게 사태에 휘말리지 않도록 도와준다. 그래야 여유가 생기고 학부모를 이해하면서 해결방법을 찾을 수 있다. 결국 '학부모가 자식을 사랑해서 벌어지는 일'이라고 생각하면 처음엔 충격적이긴 해도 받아들이기가 그다지 어렵지는 않다.

간혹 문제 행동을 일으킨 학생, 소위 사고를 친 학생의 부모가 호출을 받아서 학교에 오는 경우가 있다. 알겠지만 이런 때 교사는 사려 깊게 행동해야 한다. 사고를 친 학생의 부모가 왔다는 의미는, '사고를 쳤더라도 그 아이는 내 아이다, 그리고 내가 그 보호자로서 문제를 해결할 것이다'라는 뜻으로 해석하면 이해가 쉬울 것이다. 교사는 부모를 만날 때, 문제 행동을 했더라도 부모에게 자식은 둘도 없이 소중한 존재라는 사실을 먼저 인식해야 한다. 내 자식이면 어떨까 입장을 바꿔보면 도움이 된다. 자식이 문제를 일으킨 데 대해 여러 감정이 뒤섞여 있을 것이므로 교사는 학부모의 자존심이 상하거나 체면이 구겨지지 않도록 특별히 배려해야 한다. 그래야 조금씩 누그러지며 방어적인 태도를 풀고 대화하는 분위기를 만들 수 있다.

학생이 일으킨 문제로 학부모를 만날 때, 교사는 그 일을 요약해서 사실대로 전달하되, 감정을 섞어서 강조하지 않도록 해야 한다. 담임교사가 학생이 그간 어떤 잘못된 행동을 했는지 조목조목 나열하지 않아도, 부모가 이미 알고 있는 경우가 대부분이다. 이전 학년 선생님에게서 들었고, 유치원 교사로부터 문제 제기를 받았으며, 옆집 아주머니의 시시콜콜한 지적도 여러 번 들었을 것이다. 때문에 교사는 여기에서 다른 유용한 기술을 쓰는 것이 바람직하다. 지금까지 이 책에서 여러 번 언급한 방법을 사용하는 것이다. 아마 여기까지 읽고 있는 독자라면 지금쯤은 내가 무슨 말을 할지 예상하리라. 그렇다. 바로 해결중심접근이다. 예를 들어 학생의 문제를 주로 지적하기보다 문제 행동을 함에도 불구하고 어떤 점은 '문제 되지 않는 지', '어떤 잘하는 점'이 있는지 먼저 알려 준다. 학생의 문제보다 그렇지 않을 점을 말함으로써 일차적으로 환기하는 것이다. 그러면 열이면 열 학부모는 교사와 마주앉아 이야기하는 데 거부감이 줄어든다. 긍정적인 분위기를 조성할수록 학생이 일으킨 문제를 해결하는 데 학부모가 까칠하게 대응하지 않고 자녀의 잘못을 수긍하고 문제 해결에 적극 협력하게 된다.

간혹 자녀를 신경 쓰지 못하거나 방치하는 부모도 있다. 이 경우 교사가 해야 할 일은 더 많다. 협조적인 부모와 함께하는 것보다 당연히 더 힘들고 어렵지만, 교사이기 때문에 학생을 위해서는 더 적극적이어야 한다. 이때 학부모가 당연히 자녀 양육에 신경을 써야 하는데도 그렇지 않다는 생각에 빠지게 되면, 학생의 문제는 전혀 나아지지 않으며 교사는 교사대로 스스로를 괴롭히는 꼴이 된다. 설사 부모가 도와주지 않는다고 해서 교사인 나마저 포기해서는 안 된다. 그 부모는 학생을 돌볼 수 없는 처지라고 생각하는 게 어쩌면 교사 자신에게도 더 따스한 다독임 일 수 있다. 혹시라도 부모가 할 일을 자신이 하고 있다는 생각에만 갇혀 있는 교사가 있다면 자기 마음을 들여다보면 도움이 된다. 가슴속에 학생으로 말미암아 처리해야 할 '한 가지 일'이 자리 잡고 있는지, 아니면 부모에게 돌봄을 받지 못한 '사람으로서의 내 학생'이 있는지.

현실적으로 부모보다 교사와 더 많은 시간을 보내는 학생들이 적지 않다. 그만큼 교사는 학생에게 어쩌면 부모보다 더 결정적인 영향을 미칠 수 있는 위치에 있는 사람이다. 실제로 교사가 하는 말과 행동은 학생들의 마음속에 인장처럼 찍힌다. 학생들이 표현하지 않아도 분명히 그렇다. 그러니 힘내자. 학생에 대한 믿음을 잃지 말고, 겉으론 변화가 없는 것 같아도 매일 한 걸음씩 학생의 변화가 일어나고 있음을 믿자. 교사로서 중심을 잡고 내가 할 수 있는 일을 하고, 자신의 역량을 넘어선다고 판단될 때는 전문가를 활용하면 된다. 보건실과 상담실, 사회복지실 등에서 지원을 받거나 도움이 될 만한 제도를 알아보고 활용할 수 있다면 연결해 주고, 관련 전문가가 있다면 지원을 요청해서 협력할 수 있다. 학생은 자신을 염려하고 도우려 애쓰는 선생님을 지켜본다. 그리고 결국에는 알아본다. 교사가 학생을 위해 애쓴 그 과정은 학생의 기억에 평생 동안 하나의 빛으로 남게 될지도 모른다.

학생들의 부모도 한때는 학생이었다. 지금 내 학생을 챙기지 못하는 그 부모도 한때는 아이였다. 그 아이가 자라 오늘의 학부모가 되었다. 어른이 되어 부모 역할을 하면서 겪는 다양한 일들로부터 배우고 경험을 쌓는다. 부모도 자녀를 양육하면서 성장한다는 말이다. 교사가 해마다 학생들을 통해 깨닫고 배우면서 점점 선생다워지듯이 부모 또한 그렇다. 그래서 교사는 학부모들도 내 학생들과 함께 배우고 성장하는 사람임을 기억해야 한다.

24 학부모상담에서 해야 할 일

초등학교에는 1년에 두 번 학부모상담을 하는 주간이 정해져 있다. 학부모상담 주간이 학교 교육과정에 포함된 지 약 10년이 지난 지금, 특별한 상황을 제외하면 담임교사는 매학기 모든 학생의 부모와 만난다. 대면할 수 없다면 전화나 다른 방법을 통해서라도 꼭 상담을 진행한다. 학교에 오지 않던 학부모도 이날만큼은 담임교사와 일대일로 마주 앉아 학생에 관한 이야기를 나눈다. 교사와 학부모는 학생에 대한 다양한 정보를 주고받으며 학생을, 또 한편으론 서로를 이해한다. 학생의 학습이나 문제적인 행동과 진로 관련 고민도 나누고, 부모는 자녀들의 학교생활에 대한 궁금증을 해소하기도 한다.

상담주간에 학부모를 만나기 위해서 교사는 개별 학부모에게 사전에 상담신청서를 보내고, 부모가 원하는 시간에 약속을 잡는다. 이 기간에 교사는 하루에도 여러 명의 학부모를 만나기 때문에 상담 시간이 겹치지 않도록 미리미리 조정한다. 학부모의 사정이 여의치 않을 때는 늦은 밤까지 교실에 남아서 상담을 하는 경우도 있다. 많은 교사들이 그렇게 한다. 그런데 교사들에게는 학부모상담이 그다지 마음 가볍지는 않은 듯하다.

상담주간에 만나는 학부모 한 명과 어느 정도 시간을 쓰는지 재직 중인 교사들에게 물어보니 평균 20분 정도라고 알려 주었다. 보통 전문 상담가가 내담자와 상담을 하는 시간이 회당 50~60분 정도인데, 아무리 문제를 가지고 오지 않은 학부모와 만난다고 해도 인사를 나누고 학생에 대한 이야기를 할 시간이 약 20분이라니, 시간이 너무 부족하다는 생각이 든다. 상담훈련을 받지 않은 교사가 짧은 시간 동안 학부모와 만나서 우호적 관계를 맺고, 학생에 관한 정보를 공유하며, 신뢰를 쌓는 일은 결코 쉬운 일이 아니다. 학교 교육과정에 명시된 특정 기간에 이루어지는 점, 많은 수의 학부모, 수업이 끝난 후 실시되는 점 등 현실적 여건이 만만치 않다.

충분치 않은 시간일지라도 교사는 상담을 통해 학부모와 학생에 관한 주요 정보를 나눠야 한다. 이를 위해 교사는 학생에 대한 기초자료를 사전에 준비하고, 평소 학생을 관찰한 내용을 정리해 두었다가 학부모에게 전달한다. 학급 안에서 학생이 어떻게 생활하는지, 급식은 잘 먹는지 또 친구들과 어떻게 지내고 수업에 잘 참여하는지 같은 내용은 학부모들이 항상 궁금해하는 대목이다. 또한 교사도 부모로부터 가정에서 학생이 어떻게 생활하는지 듣는다. 그리고 학생의 학교생활에서 학부모가 염려하는 점이나 기대하는 점도 파악한다. 이처럼 학부모상담은 비록 길지 않은 시간이더라도 학생의 성장을 위해서 교사와 부모 모두에게 소중하다.

그런데 중요성에 비해 이 시간을 효율적으로 활용하지 못하는 교사들도 있는 것 같다. 이를테면, 짧은 상담 시간에 학생이 누구와 어떻게 다투고, 교실에서 어떤 문제 행동을 하는지, 고칠 점은 무엇이며, 학습에서 부족한 점은 무엇인지 등 학생의 문제 행동과 단점들을 주요 소재로 삼는 식이다. 마치 그동안 학생이 교실에서 보였던 문제 행동을 하나하나 모두 알리기 위해 학부모를 만난 사람처럼 말이다. 평소 얼굴을 보기 쉽지 않은 학부모와 만났기 때문에 교사로서는 학급에서 관찰되는 학생의 문제 행동을 알려야 한다는 생각이 들 수 있다. 그러나 학부모와 처음으로 마주앉아 대화를 나누게 되면 교사와 학부모의 관계는 긴장이 흐르고 경직될 수 있다. 그래서 학생의 학교생활을 어떻게 도와야 할지 서로 의견을 교환하고 해결 방법을 찾는 일에 집중하기가 생각보다 어려울 수 있다. 만약 이런 방식으로 상담주간을 운영하고 있다면 상담 방식을 내가 지금껏 강조해 온 '해결중심적'으로 바꾸어 보라고 권하고 싶다.

교사가 학부모상담 주간에 학부모를 만날 때는 학생의 문제 행동이나 태도를 상담의 첫 주제로 삼지 않는 게 좋다. 그리고 학부모와의 상담을 통해 학생의 강점이나 장점, 칭찬할 수 있는 부분을 주의 깊게 찾아내려는 태도를 견지하는 것이 훨씬 유용하다. 내 경험에 의하면 학부모와의 상담을 가장 어렵게 만드는 주범은 '교사의 부정적인 시각'이다. 그러므로 부모와의 대화에서 보다 긍정적인 면에 집중하면서, 부모에게서 얻은 정보로부터 어떤 점을 학생 지도에 활용할 수 있을지 촉각을 곤두세우고 가용 자원을 찾도록 노력해야 한다. 세상을 부정적으로 바라보는 교사는 부모와의 상담에서도 학생의 좋은 점을 찾아내는 데 어려움을 겪는다. 또한 긍정적으로 해석할 수 있는 관점이 부족하다 보니 학부모에게 학생의 문제를 자연스레 열거하기는 매우 쉽다.

아무리 담임교사가 평소에 관찰한 내용이라도 본인 자녀의 문제가 한상 가득 차려지는 걸 좋아하는 부모는 없다. 내가 만약 학부모로서 부정적인 이야기를 한가득 듣는다면, '내 아이가 좋은 점보다 단점을 부각시키는 선생님과 1년을 보내겠구나'라는 생각부터 들지 않을까 싶다. 아울러 과연 이 교사가 내 아이를 잘 가르칠 수 있을지 의심이 들고, 한편으로는 경계심이 생길지도 모르겠다. 이런 식의 상담 아닌 상담이 진행되면 처음에는 교사의 말에 고개를 끄덕이던 학부모도 시간이 지날수록 듣기 불편해지고, 기분이 상하면서 방어적으로 변하기 일쑤다. 때로는 상담이 끝난 뒤 문제가 생기거나, 학생을 돕고자 했던 교사의 의도와 상관없이 원치 않는 소문의 주인공이 되기도 한다. 자녀의 문제를 잔뜩 들은 부모가 집으로 돌아가면서 무슨 생각을 할지, 어떤 마음이 들지 상상해 보면 알 수 있을 것이다.

상담주간에 학부모 여러 명을 만나다 보면 형식적인 상담이 될 수 있다. 그렇기 때문에 교사는 개방적이고 융통성을 발휘하며 사전에 잘 준비된 자세로 상담에 임해야 한다. 교사는 학생이 학급에서 어떻게 지내는지에 대해 학부모의 궁금증을 풀어 주고, 학생의 문제를 부모에게 설명하느라 상담 시간을 허비하기보다는, 학급에서 관찰한 학생의 긍정적인 면을 먼저 전달한다. 그리고 학생이 일상적으로 하루를 어떻게 보내는지, 가정에서 학생의 언행은 어떤지도 꼭 알아 둔다. 그래야 교사가 학생을 조금 더 이해 수 있고 가깝게 느낄 수 있다. 더불어 교사는 가정과 학교에서 함께 노력해야 할 부분, 학교에서 시도했더니 효과가 좋았던 점 등을 부모와 나눈다.

만약 학생의 어떤 문제에 대한 해결책을 찾기에 주어진 시간이 부족하다면 별도의 시간을 확보해 그 문제를 다루어 나간다. 학생의 문제 행동은 대부분 지금까지의 경험으로 학부모가 이미 알고 있는 수가 많기 때문에 그 사실을 다시금 확인해 주기보다는 교사와 부모가 가정과 학교에서 어떻게 협력하고 어떤 태도를 보이면 학생을 도울 수 있을지 이야기하는 것이 바람직하다. 이를테면 학생의 문제를 낱낱이 고하기보다는 잘하는 점을 제시한 다음, '학생이 그렇게 할 수 있도록 부모가 어떻게 도와주었는지' 질문하는 방식이 훨씬 생산적이다. 이 질문이 효과적인 이유는 거듭 마하지만 학생의 부모에 대한 간접 칭찬이 담겨 있기 때문이다. 그래서 부모와 긍정적인 라포rapport를 형성할 수 있고 서로 간에 신뢰감도 높일 수 있다. 뿐만 아니라 교사의 질문에 대답을 하는 동안 학부모는 가정에서 자신이 잘하고 있는 점과 부모로서 자녀를 도울 수 있는 방법을 확인할 수 있다. 어찌 보면 간단한 질문 하나일지 모르지만, 문제를 들춰내며 귀중한 상담 시간을 허비하는 것보다는 학생의 문제를 줄이고 학부모와 원활하게 협력할 수 있는 길이다.

교사가 학생에게서 문제중심적인 시각을 버렸다 하더라도 학생이 집으로 돌아가면 부모와 가족이 있다. 그런데 부모나 가족이 자녀를 부정적으로 바라본다면 어떨까? 아마도 학생은 가족 안에서 생활하는 동안 주눅이 들거나 위축될 것이다. 자신감이 떨어지고 오랫동안 이런 시간이 축적되면 자존감이 낮아지기 쉽다. 때문에 가능하면 상담을 하는 동안 교사는 부모가 해결지향적 접근을 익힐 수 있도록 도와주면 더할 나위 없이 좋다. 해결지향 부모란 해결지향교사처럼 자녀의 문제 행동이나 잘못된 태도 등을 지적하는 데 치중하기보다는 자녀에게서 구체적인 강점과 나아지고 있는 점, 그리고 노력하고 있는 모습 등을 찾아내는 부모라는 의미다.

해결지향부모가 되도록 돕는 일은 교사에게 벅찰지도 모른다. 그러나 분명 가치 있는 일이며 꼭 필요한 도전이다. 왜냐면 학부모와 상담하다 보면 자녀의 단점을 먼저 보는 부정적인 시각의 가진 부모를 만날 때가 상당히 많기 때문이다. 부정적인 부모들은 교사가 입을 열기도 전에 자녀가 가정에서 보이는 안 좋은 모습이나 고쳐야 할 점을 언급한다. 이들은 자신을 비롯해 주변 사람들이나 온갖 사건들에서 문제점을 먼저 찾는 경향이 있다. 오류나 단점을 먼저 보고, 부정적으로 해석하며, 문제중심적으로 말하고 판단한다. 교사가 학생을 칭찬해도 그렇지 않다고, 선생님이 잘못 본 거 아니냐고 말한다. 내 경험으로는 학부모의 상당수가 문제중심적으로 자녀를 보았다. 이 점을 감안해 교사는 학부모와의 상담 시 가급적 간접적 칭찬을 통해 학생과 부모의 자존심을 살려 주고, 학급에서 발견한 학생의 강점을 제시하면서 부모의 시각 또한 문제중심에서 벗어나도록 환기시키는 게 좋다.

우리는 지금 학교 교육과정에 정해진 학부모상담 주간에 이루어지는 상담에 대해 말하고 있다. 그런데 사실 학부모와의 상담은 특정 시기가 아닌 언제든 필요할 때 할 수 있어야 한다. 물론 1년 동안 한 번도 담임교사를 만나서 자녀에 대해 이야기할 일이 없는 부모들을 위해서는 상담주간이라도 정해져 있는 것이 도움이 된다. 실제로 학교에서는 거의 모든 학부모나 양육자가 이 기간 동안 담임을 만나고 있다. 자녀만 학교에 보내 놓고 학교에 한 번 가지도 않았던 과거에 비하면 많이 나아진 변화다.

그런데 교사와 학부모 사이에서 가장 중요한 한 가지는 무엇일까? 누군가 내게 묻는다면 나는 한 단어로 대답하겠다. '신뢰'. 바로 교사와 학부모 간의 굳건한 믿음이다. 교사와 학부모가 서로를 신뢰하지 않으면 아무리 좋은 방법이라도 의미 없는 노력이 될 수 있다. 그래서 상담주간에 실시하는 학부모와의 상담은 무엇보다 '좋은 관계의 토대'인 신뢰를 쌓는 것이 중요하다. 설사 학생에게 문제가 있다손 치더라도 학부모와 처음 대면하는 상담에서는 신뢰를 형성하는 데 주안점을 두고, 이후 해결책을 찾는 게 효과적이다.

25 학부모상담을 해결중심적으로 진행하기

가끔 생각할 때가 있다. 약 20분간의 학부모상담에 해결중심상담접근법을 적용할 수 있을까? 아무리 생각해 봐도 일반적인 해결중심상담을 학부모상담에 그대로 적용하기에는 무리가 따른다. 한 반 학생이 30명이면 담임교사는 30명의 학부모와 평균 20분간 1학기에 한 번, 2학기에 한 번 상담한다. 일반적으로 건강가정지원센터나 청소년상담실 같은 기관에서 상담을 진행할 때 상담자가 내담자와 만나는 시간은 회당 50~60분이다. 이런 상담을 짧게는 5회에서 길게는 10회 넘게 실시하는 경우도 많다. 사설 상담기관이라면 또 다를 수 있다. 그러니 학부모상담 주간에 이루어지는 상담에, 해결중심상담 방식을 그대로 적용하기는 곤란해 보인다.

그렇다면 학부모상담을 해결중심적으로 할 수는 없을까? 짧고 효율적으로 적용할 수 있는 방법은 뭐가 있을까? 비전문가인 교사가 20분간의 학부모상담을 어떻게 실시하는 것이 좋을까? 이 질문엔 정답이 없다. 다만 이 책에서 계속 강조해 온 해결중심접근으로 학부모와 상담하는 방법을 고민해 볼 수는 있다. 학부모와 상담하는 유일한 방법은 아닐지라도, 현실적으로 가능하고 효과를 기대할 수 있으리라 본다.

먼저 분명히 알아 둘 점은 여기서 소개하는 상담 방법은 일반적인 해결중심상담의 전개와 다르다는 점이다. 해결중심상담은 상담 첫 회부터 매 회차마다 전개 과정이 잘 구성되어 있다. 그러므로 아래 제시하는 상담과정이 일반적인 해결중심상담과정이라고 오해하지 말기 바란다. '해결중심 학부모상담'은 해결중심상담 접근을 현재 학교상황을 고려해 최대한 실용성을 살려 필자가 임의로 구성한 것이다. 그리고 만약 해결중심접근에 기반을 둔 상담과정이 궁금한 이들이 있다면 전문교육기관을 통해 훈련받을 수 있다는 점을 참고하기 바란다.

그렇다면 학부모상담을 어떻게 실시할지 한번 생각해 보자. 짧은 시간에 효과적인 상담을 진행하기 위해서는 사전 작업이 필요하다. 학기 초에 각 학급의 담임교사는 학부모들에게 가정통신문을 보낸다. 이때 학급경영에 대한 안내와 더불어 담임의 교육철학이나 가치관, 학생이나 학부모에게 기대하는 점 등을 자세하게 안내한다. 이때 정해진 규칙은 없지만, 최대한 친절하게 인사를 전하고 학생에 대한 애정과 믿음을 표현한다. 교사의 진심이 학부모에게 전해질 때 학부모는 담임교사를 신뢰할 수 있다. 대체로 이 부분은 현재 학교에서 체계가 잘 잡혀 있다.

상담주간이 시작되면 모든 교사는 사전에 학부모가 원하는 시간에 상담약속을 잡는다. 이때 필자가 강조하고 싶은 것이 있다. 교사는 약속 시간을 정하는 동시에, 상담 시간이 길지 않은 점을 감안해 '학부모상담의뢰서'를 보내서 학부모가 자녀에 대해 어떤 주제로 담임교사와 상담하기를 원하는지 사전에 파악하라는 것이다. 각 학부모가 궁금해 하는 사항을 상담 전에 준비해 두고 학부모를 만나면 시간을 아낄 수 있어서다.

다음은 상담 당일 교사가 구체적으로 어떻게 상담하면 좋을지 알아보자. 상담 주간이 되면 학부모가 약속 시간에 찾아올 것이다. 학부모가 교실에 들어서면 교사는 자리에서 일어나 학부모를 맞이하도록 한다. 이는 교사가 학부모를 존중하고 있음을 보여준다. 별것 아닌 듯해도 첫 인사는 매우 중요하다. 절대 그럴 일은 없겠지만 제자리에 앉아서 인사만 하거나, 만에 하나 눈도 마주치지 않는다면 최악의 태도다. 대부분의 학부모는 교사를 처음 만나는 자리인 만큼 최대한 학생의 부모를 예의를 갖추어 존경한다는 태도를 보인다. 군이 강조할 필요가 없는 내용이고 이미 교사들이 충분히 실천하고 있는 사항일 테지만, 꼭 이런 이유가 아니어도 교실을 찾아오는 손님에게 일어나 인사를 하는 게 사람들 사이의 기본 예의다.

교사는 첫 인사를 마치고 자기소개를 한다. 이어서 지금까지 관찰한 학생의 예외(장점)과 강점을 먼저 학부모에게 이야기를 한다. 이때 중요한 역할을 하는 것이 학생의 강점 목록이다. 혹시 학부모가 상담의뢰서에 적은 주제와 관련된 내용이 강점 목록에 있으면, 이 부분을 가장 먼저 알려 준다. 그리고 학생의 강점에 대해서 부모가 가정에서 어떻게 지도했는지 묻고, 그 과정에서 부모가 강조한 점도 물어본다. 또 교사는 상담 주제와 직접적으로 관련이 없더라도 강점 목록에서 중요한 사항을 짚고 넘어간다. 이 역시 학생은 물론이고 부모를 간접 칭찬하는 효과가 있기 때문에 이렇게 하는 것이다. 이런 절차를 간략하게 거친 후에 학부모가 보낸 상담의뢰서에 담긴 문제를 함께 의논한다. 그런 후 질문이 없는지 학부모에게 묻고, 별다른 질문이 없으면 상담을 마친다.

교사가 학생의 강점 목록을 토대로 그동안 관찰한 학생의 장점을 설명하면, 학부모가 담임을 만나서 상담하고 싶어 한 문제가 거의 문제시되지 않는 경우가 많다. 강점을 이야기 하는 과정에서 학부모가 생각하는 문제가 재해석되거나 해결되는 수가 많기 때문이다. 내가 굳이 학생의 강점을 교사가 먼저 이야기 하라고 권하는 이유가 여기 있다. 학생의 강점을 처음 듣는 학부모는 상담 초기에는 의아해 하는 경우도 있지만 대개는 마음을 열고 듣게 된다. 그리고 자녀에 대해 자신이 미처 보지 못한 점을 알려준 데 대해 고마워한다. 학부모상담에서 학부모가 제시한 학생의 문제나 걱정거리를 나중에 다루는 이유는, 처음부터 그렇게 진행하면 가뜩이나 시간이 부족한 상담이 문제중심적으로 흘러가기 쉽기 때문이다. 그러면 정작 중요한 학생의 강점이나 긍정적인 면을 다룰 시간이 너무 부족해진다. 무엇보다 학부모와 교사가 마주앉아 학생의 문제와 부족한 점을 집중적으로 다루면 그 학생은 온통 문제만 가진 존재처럼 느껴지기 쉽다. 교사와 학부모에게는 1년의 시간이 있다. 그러므로 처음에는 학부모와 교사가 가급적 학생의 밝은 점을 조명하면서 서로 신뢰하는 관계를 형성하는 일이 중요하다.

경우에 따라 학부모상담이 연이어 잡혀 있는 경우가 있다. 이때는 상담을 시작하기 전에 학부모에게 양해를 구해 두는 게 바람직하다. 만약 학생의 문제가 심각해서 한 번의 상담으로 다루기 어렵다면, 교사는 이후에도 학부모상담이 열려 있다는 점을 안내한다. 가령 다음과 같이 말할 수 있다.

"제가 어머님과 상담을 ○시까지는 마쳐야 합니다. 그 뒤에 다른 상담 시간이 또 예약되어 있어서요. 혹시 오늘 다 못한 말씀이 있으시면 다음에 언제든 저와 상담할 수 있으니 걱정하지 않으셔도 됩니다."

학교에 전문상담교사, 학교복지사가 있다면 이 교사와 연결을 원하는지 물어보고, 필요한 후속 조치를 취하도록 한다. 이때도 담임교사는 학생과 부모가 전문상담교사와 상담을 하더라도 자신 역시 계속 관심을 가지고, 협력할 것임을 밝혀 둔다.

가끔 자기 이야기에 빠져서 시간을 소비하는 학부모가 있을 수 있다. 이때는 친절하고 밝은 표정으로 남은 시간을 안내하고, 더 궁금한 사항은 다음에 이야기하도록 안내한다. 다만 학부모가 말하는 중에 끼어들면 자칫 무안한 느낌을 받은 학부모는 교사에게 반감을 가질 수 있다. 이 점은 주의해야 한다. 처음 학부모를 맞이할 때와 마찬가지로 마칠 때도 일어서서 인사하고 배웅한다.

일반적으로 해결중심상담에서는 문제가 있으면 1회 차 상담에서 상담목표를 잡고, 이후 회차에서는 어떻게 변화를 촉진하고, 무엇이 변화했는지 살펴보면서 내담자가 지속적으로 변화하도록 돕는다. 그러나 학부모상담주간에 이렇게 상담을 진행하기에는 무리가 따른다. 교사가 상담전문가도 아니려니와 부모 역시 여러 번 상담하러 오기가 녹록치 않다. 그래서 상담의뢰서를 보낼 때는 특히 신경을 쓴다. 학부모에게 보내는 상담의뢰서에는 부모가 생각하는 학생의 문제가 있는지, 문제가 해결되었을 때 어떤 모습인지, 그리고 과거에 어떻게 해 보았을 때 그 문제가 덜했었는지에 대한 질문을 넣는다. 이 부분이 매우 중요한데, 예외를 파악하는 것과 직결되기 때문이다. 앞에서 여러 번 언급했듯이 예외 상황을 발견하면 그 상황과 비슷한 여건을 조성해 주면 문제가 덜해질 수 있다. 또 상담의뢰서에는 학부모가 학생의 문제를 어느 정도로 생각하는지에 대한 점수, 어느 정도 나아질 것이라고 보는지 등에 대한 점수를 적는 항목도 넣는다. 이렇게 하면 학부모가 작성한 상담의뢰서를 통해 간단하게나마 학부모가 상담에서 이야기 하고 싶어 하는 주제와 해결하기 원하는 문제를 알 수 있고, 예외도 찾을 수 있다.

　　아래에 학부모상담에 사용할 수 있는 해결중심 상담의뢰서 양식을 넣어 두었으니 참고하기 바란다. 필자는 효과적인 상담을 위해 이 상담의뢰서를 다양하게 변형해 활용한다. 아래의 양식은 교사들이 학부모상담을 진행하는 데 도움이 되는 내용을 포함시켜 필자가 임의로 만든 자료이니, 자신의 필요에 따라 자유롭게 수정 보완해서 사용할 수 있을 것이다. 학부모상담의뢰서에 포함된 질문 내용은 제한된 지면으로 인해 문항 위주로 열거했다. 실제로 활용할 때는 학부모가 답변을 충분히 적을 수 있도록 문항 간 간격을 넓혀 주는 게 좋다.

학부모상담의뢰서

학부모상담 신청일 :　　　년　　　월　　　일

상담참여자:　　　　　　연락처:

학생과의 관계:

1. 학부모상담에서 다루기 원하는 주제나 궁금한 사항을 간단히 써 주세요.

2. 가족관계에 대해 간략하게라도 적어 주세요. 학생과 가족을 보다 이해하기 위함이며, 상담 시간이 충분치 않아 사전에 받습니다만, 원치 않으시면 작성하지 않으셔도 됩니다.
   - 본인과 해당 자녀와의 관계
   - 남편과 해당 자녀와의 관계
   - 자녀들(형제자매) 간의 관계
   - 가족의 강점이나 자원(있는 대로)

3. 담임과의 상담이 끝난 후 어떤 긍정적인 일들이 일어난다면 '내가 담임과 상담을 하러 온 보람이 있었구나!' 하고 느끼게 될까요? (상담 목표)

 * 아래 제시되는 4~6번의 모든 항목은 자녀의 행동문제로 고민하고 계시는 부모님께 해당되는 항목이니, 자녀의 문제 행동으로 상담하고자 하는 학부모님께서만 작성해 주세요.

4. 3번의 질문에 응답하신 것처럼, 혹시 부모님께서 바라는 대로 자녀가 행동한 (상담 목표) 적이 한 번이라도 있다면 아주 자세하게 적어 주세요.

5. 자녀가 문제 행동을 할 때와 부모님이 바라는 행동(상담 목표)을 할 때는, 무슨 차이가 그렇게 다른 행동을 하게 만든다고 보시는지 적어 주세요.

6. 다음을 읽고 해당되는 점수를 적어 주세요. 1부터 10까지 있는 척도 상에서 (1은 긍정적인 행동이 가장 낮고 10은 가장 높음)
   1) 자녀의 현재 행동은 몇 점 정도라고 생각하십니까?　　　　　　　(　　)점
   2) 지금까지 관찰한 바에 의하면, 자녀가 가장 높은 점수를 받았을 때는 몇 점입니까?
   　　　　　　　　　　　　　　　　　　　　　　　　　　　　　(　　)점
   3) 자녀의 변화 가능성을 몇 점 정도로 생각하십니까?　　　　　　　(　　)점

교사와 학부모는 한 팀

교사는 학부모와 상담을 하면서 '좋은 관계의 토대'를 어떻게 쌓아야 할까? 어떤 시작이 1년이란 기간 동안 학생을 위해 팀으로 협력하도록 만들까?

교사들은 다양한 방법으로 학부모와 좋은 관계를 맺고 유지한다. 교사가 학부모와 좋은 관계를 형성하는 데 단 하나의 정답은 없다. 같은 학년 선생님들을 들여다보면 제 각각의 방식으로 학부모를 만나고 그들과 상의하면서 학생들을 돌보았다. 대부분 1년 동안 불상사가 생기지 않았고, 배우고 싶다는 생각이 드는 태도로 학부모들과 연락하는 교사도 있었다.

나 또한 그랬다. 학생의 부모를 만나는 일은 조심스럽고 마냥 편안한 건 아니었지만, 필요할 때는 주저 없이 부모들을 만났고 학생들에 대한 고민을 나누고 상담을 했다. 그럴 때 가장 도움이 되었던 나의 태도를 되짚어 보면, 학부모를 향한 순수한 존경의 마음을 가지고 예의를 다하는 것이었다. 그런 생각과 태도가 학부모와 신뢰관계를 구축하는 데 도움이 되었다고 본다. 학생의 부모를 마주하면 한 사람의 세상이 나에게 다가왔다는 생각을 했다. 나만 그런 건 아니었을 것이다.

사전을 찾아보면 존경은 타인의 인격이나 사상, 행위 등을 공경한다는 뜻이다. 그런데 교사가 부모에게 표현하는 존경은 조금 다르다고 나는 생각한다. 나의 학생을 낳고 기른 사람, 그 학생이 세상에서 가장 의지하고 좋아하는 사람이기 때문에 감사해야할 존재로 대한다는 의미로 여긴다. 학생이 인정받고 사랑받고 싶어 하는 사람이며, 내 학생을 사랑하고 모든 지원을 아끼지 않는 고마운 사람이라는 점이 교사로서 내가 학부모를 존경하는 이유다. 이와 같은 마음가짐으로 행동했을 때 학부모와의 사이에서 적어도 우려할 만한 일들이 생기지는 않았다.

사실 학부모에게 존경의 마음을 가지는 것이 좋다는 말이 교사들에게 쉽게 건네지지 않을 수는 있다. 한 번은 두 학급 학생들 사이에서 다툰 일이 학부모들의 갈등으로 번진 적이 있었다. 평소에 어울리던 친구들끼리 학년이 바뀌면서 학급이 달라졌고, 서로 다른 무리와 친해지면서 감정 다툼이 일어났다. 이 문제는 학부모들 간에 팽팽한 신경전으로 변하면서 점점 꼬여 갔다. 이를 해결하기 위해 교감 선생님을 비롯해 관련 있는 선생님들이 모여서 회의를 했다. 내가 보기에는 학부모들의 심정을 헤아려 주고, 쌍방의 자존심이 상하지 않도록 접근해야 문제가 해결될 듯싶었다. 학부모들이 양보하겠다는 기미가 전혀 보이지 않았고, 이미 어느 정도는 자존심 싸움으로 변질되었기 때문이다.

어쩌다 보니 담임이 아닌 내가 그 일을 맡게 되었고, 다행스럽게도 그토록 성나고 한 치의 양보도 하지 않던 학부모들의 마음을 돌려놓는 데 성공했다. 저녁밥을 굶어 가며 전화만 붙들고 꼬박 여섯 시간 이상을 통화한 결과 자정쯤에 "이쯤에서 그만두는 게 맞겠지요?"라는 말을 얻어 냈다. 다음 날 한 교사에게, 학교에서 학생들을 잘 지도하겠다는 의미로 학부모들과 전화 통화를 한 후 그 일을 마무리해 달라고 요청했다. 나보다는 그가 훨씬 학교의 대표성을 띠었기 때문이다. 그러나 그 교사의 반응은 뜻밖이었다.

"내가 왜 그 사람들한테 잘못한 사람처럼 굴어야 해요? 나는 못합니다. 하고 싶으면 선생님이 하세요."

알겠다고 하고 내가 그 일을 마무리했다. 그 선생님이 그렇게 말하는 뜻을 이해하지 못하는 바는 아니었지만 나는 학부모들이 자녀들이 받은 상처와 눈물에 대해 이의를 제기하는 건 당연하다고 보았던 것 같다. 그랬기 때문에 학부모들을 이해하기가 좀 더 쉬웠을 수도 있다. 상처를 입었음에도 불구하고 상대와 학교의 입장을 헤아려 서로 화해하기로 한 것도 자녀를 사랑하는 마음이라고 생각했다. 그렇게 학부모들을 존중하는 태도가 학부모들의 마음을 누그러뜨릴 것이라고 믿었다. 그리고 이는 학부모의 변화를 통해 확인한 사실이다. 한 어머니는 이렇게 말했다.

"분쟁을 일으키고 자존심 싸움을 하는 학부모를 이상한 눈으로 보지 않고, 충분히 그럴 수 있는 일이라고 공감하는 선생님의 태도가 저로 하여금 흥분과 화를 가라앉게 만들고, 딱딱하게 굳어 있던 목소리를 부드럽게 만들었어요."

마치 교과서에서나 읽을 수 있는 내용이어서 흠칫 놀라기도 했지만, 그 말을 들으면서 나는 교사가 학부모의 입장이나 상황을 충분히 이해하고 받아들이는 태도가 얼마나 중요한 지를 다시 한 번 확인했다. 바로 그것이 그들에 대한 존중과 존경의 의미로 보였다는 것도 알 수 있었다.

학부모에게 존중이나 존경의 자세를 취하는 일은 교사의 잘못을 인정하거나 학부모 앞에서 굽신거리며 비위를 맞추는 일이 아니다. 내 학생에게 중요한 사람에게 교사가 먼저 손을 내밀고 그 사람을 예의로 대하는 것이며, 교사로서 품위와 자존심을 지키는 일이다. 서로가 학교와 가정이라는 생활공간에서 영향력을 발휘하는 존재라는 사실을 온전히 인정하고, 그렇기에 서로 힘껏 도와야 함을 받아들이는 것이다.

교사와 학부모 사이의 굳건한 믿음은 학생들에게 문제가 발생해서 연락해야 할 때도 크게 도움이 된다. 학급에서 이른바 사건이라 불리는 문제가 생기면 선생님 선에서 해결 가능하지 않은 경우가 많다. 만약 두 학생이 관련되어 있다면 어떤 경우든 학부모들에게 무거운 이야기를 전달해야 한다. 이때 신뢰관계가 구축된 교사와 학부모 사이일 수도 있지만 공교롭게도 아직 한 번도 만나지 못한 채 관련 문제를 의논해야 하는 수도 있다. 사고를 친 가해학생의 부모라면 방어적인 모습을 취하는 경우도 있겠지만 절망적인 기분을 느끼고 있을 수도 있다. 미안하고, 아이를 잘못 기른 것 같은 마음이 들 수 있다. 이 일로 인해 내 아이가 다른 사람들 눈에 어떻게 비칠지 염려하며 안절부절못할 수도 있다. 만약 피해 학생의 부모라면 화나고, 학급에서 그 당시 상황이 어땠는지 알고 싶어 할 것이며, 아이가 처했던 상황을 떠올리면서 분노할 수도 있다. 그렇지만 이런 악조건에서도 학부모와의 굳건한 신뢰관계는 문제가 생겼을 때 쿠션 같은 역할을 한다.

잠시 다른 이야기를 해 보자면, 학급에서 발생한 자잘한 문제를 해결하는 과정에서 비춰지는 교사의 행동은 교사와 학부모간의 믿음을 파괴하기도 한다. 학부모들은 교사가 자녀의 문제를 해결하는 과정을 하나하나 예의주시한다. 작은 일이라도 마찬가지다. 우리의 말과 표정, 행동과 태도에는 마음이 드러나고, 가식적인 마음은 사람들에게 곧잘 들킨다. 그러므로 교사는 마음이 담기지 않은 표정이나 형식적인 응대가 아니라 진심을 담아 학부모와 대화해야 상호신뢰에 금이 가지 않는다.

교사가 학부모에게 하지 말아야 할 몇 가지 행동이 있다. 예를 들면 학부모에게 문제를 설명하는 과정에서 학생들에 대해 형평성 잃은 말을 하거나, 일방적으로 한 학생의 잘못으로 몰고 가는 분위기 같은 것이다. 이런 경우는 사태를 악화시킨다. 교사가 의도하지 않았더라도 이런 태도는 학부모들의 감정을 크게 자극한다. 교사가 상대편이라 간주하며 적대감을 가질 수도 있다.

또 교사가 학생의 문제를 해결하는 태도가 '마치 일 하나를 처리하는 것 같은' 인상을 주면, 학부모는 자녀가 교사에게서 존중받지 못한다고 여긴다. 이 경우 학부모의 감정은 좋을 리 없다. 교사에게서 자기 아이가 정당하게 대우받지 못하고 있다고 판단할 수도 있다. 그러면 당연히 학부모는 교사를 호의적으로 대하기 어렵고, 방어적이고 공격적인 태도를 보이게 된다. 더 이상 교사를 신뢰할 수 없다고 생각하기 때문이다. 이밖에도 편견이 묻어나거나, 은연중에 가정 환경이나 부모의 양육 방식 탓이라는 인상을 풍기거나, 부모를 가르치려는 속마음이 비치는 경우도 학부모의 반감을 산다. 설사 양육 방식에 문제가 있다손 치더라도 교사의 이런 태도는 학부모의 감정을 자극한다. 때로는 이로 인해 예상치 못하게 상황이 악화되는 경우도 생긴다.

가장 지양해야 할 태도가 무엇인지 묻는다면 나는 학부모를 무시하는 교사의 언행이라 말할 수 있을 것 같다. 앞에서 언급한 교사의 모습들은 대부분 학부모를 무시한다는 인상을 주기에 충분하다. 그래서 교사가 의도하지 않았더라도 은연중에 이런 인상을 풍기는 일이 없도록 유의해야 한다. 물론 학부모를 존중하고 상호간의 영역을 인정하면서 학부모로부터 신뢰를 얻은 교사라면 이와 같은 행동이나 태도를 취하지는 않을 것이다. 그러나 교사들 중에는 신뢰라는 튼튼한 다리를 미처 준비하지 못한 이들도 있다. 믿음이라는 다리가 놓여 있으면 다루기 까다로운 일이 발생해도 충분히 설명하고 이해하면서 지나갈 수 있다.

교사가 학부모를 존경하고, 예의 있게 대하면 학부모 역시 교사에게 존경을 보이고 예의를 갖춘다. 학부모는 자신을 대하는 교사의 태도에서 교사가 학생들을 어떻게 대할지 짐작할 것이다. 교사가 학부모를 무의식적으로 평가할 수 있듯 부모도 교사의 성품, 사람 됨됨이를 판단한다. 심각한 문제가 발생했을 때도 교사가 학생을 아끼고, 학부모를 존중하며, 공정한 태도를 보인다면 학부모도 자신이 져야 할 책임을 받아들이며, 쓸데없는 감정싸움으로 시간과 에너지를 낭비하지 않을 것이다. 어떤 학생도 교사로부터 차별받지 않는다는 생각이 들고, 어떤 경우에도 학생들을 보호하려는 교사의 마음이 보일 때 말이다.

교사와 학부모는 한 팀이다. 학기 초 교사에게는 학급 학생의 숫자만큼 상호 협력해야 할 학부모들이 생긴다. 달리 말하면 교사는 전체 학생과 함께 그들이 속한 가정과 관계를 맺는다. 교사에게 있어 학부모는 그저 학생의 연장선상에 있는 존재가 아니다. 아직 어린 학생의 삶에 부모가 끼치는 영향은 말 그대로 절대적이다. 교사에게 학생의 가정이 그러하듯 학부모에게는 교사로 대표되는 학교가 귀하고 중요한 자원이다. 따라서 교사와 부모가 서로를 이해하고 생산적으로 교류하는 일은 대단히 중요하다. 학생이 건강하게 성장할 수 있도록 애를 쓰는 교사는 학부모와 한 팀이 될 수밖에 없다. 학부모와 교사 사이의 갈등과 분쟁은 건강한 씨앗이 자랄 토대를 마련하지 못한 곳에서 피어난다.

매년 내 학급에는 크고 작은 문제 행동으로 어려움을 겪는 학생들이 서너 명은 있었다. 그중에는 빠른 시간 내에 문제 행동이 사라지는 드라마틱한 변화를 보이는 학생이 있는가 하면, 부적응 행동을 줄이고자 학기 내내 애를 써야 하는 경우도 있었다. 그런데 흥미롭게도 학생들의 변화 여부를 결정짓는 공통요인이 있었는데, 학부모와 관련된 것이었다. 교사인 나와 학부모가 진솔하게 대화하고 머리를 맞댈 때 학생은 밝고 적극적으로 바뀌고 그 변화가 유지되었지만, 내가 아무리 노력해도 학부모와 연락이 닿지 않거나 협력하기 어려운 경우에는 학생의 변화를 확인하는 데 오랜 시간이 걸렸다. 이와 비슷한 경험을 여러 번 하면서 나는 학부모의 협조 없이 교사의 노력만으로는 학생의 긍정적인 변화를 만들어 내기가 매우 어렵다는 점을 뼈저리게 깨달았다.

한번은 학생의 문제 행동 때문에 학부모에게 연락을 했다. 만나서 이야기를 하는 게 나을 것 같아서 학교로 오시라고 했다. 학교에서 관찰한 학생의 행동을 공유하고, 가정에서는 어떤지 물어보았다. 꽤 긴 시간동안 이야기를 나눠보니 이 학생에게 형에 대한 열등감이 있었고 집에서는 부모에게 인정받고자 하는 욕구가 충족되지 않고 있다는 생각이 들었다. 그래서 부모와 함께 학생을 학급과 가정에서 각각 어떻게 대할지 의논했다. 그런데 부모가 학생에게 쓰는 말은 변화가 필요해 보였다. 왜냐면 학생을 향한 어머니의 말에는 학생이 듣고자 하는 인정이나 칭찬 등 긍정적 요소가 담겨 있지 않았기 때문이다. 그래서 상황별로 사용할 수 있는 몇 개의 문장을 어머니에게 알려 주고, 이 표현을 쓰면서 학생이 어떻게 반응하는지 유심히 지켜보라고 일러주었다. 학생의 어머니와 세 번 만나면서 시도했던 방법과 관찰한 반응을 서로 나누었는데, 시간이 지나면서 학생의 표정은 밝아지고 수업태도가 적극적으로 변했으며, 학급에서 다투는 일도 사라졌다.

그렇다고 내가 늘 성공한 건 아니다. 힘껏 노력해도 학부모를 만나지 못한 경우는 어쩔 수 없었다. 한번은 새 학년이 되었을 때 한 학생이 이전 학년을 거치면서 소위 '은따'라는 걸 알게 되었다. 대놓고 이런 일은 나쁘니까 그러면 안 된다는 식의 말은 고학년 학생들에게 그다지 효과를 발휘하지 못한다. 대신 나는 학생들을 믿고 있음을 확실하게 전달하고, 친구를 따돌리는 건 나쁜 행동이며, 따돌림을 당하는 사람이 받는 상처에 대해 분명하게 말했다. 학생들은 내가 어떤 의미로 그 말을 하고 있는지를 이해하고 있었다. 또한 선생님이 자신들을 지켜보고 있다는 사실을 알았다. 그런데 정작 해당 학생은 잘 알지 못하는 것 같았다. 안타까운 일이지만 이해력이나 상황 판단력이 조금 부족한 면이 있었다. 다행히 학생들은 그 학생을 따돌리지 않고 무난하게 지냈다. 그 학생과 어울리는 모습도 가끔 보였다. 하지만 그 학생은 친구들과 어울리는 데 적극적이지 않았다. 학생과 관련해서 요청할 사항도 있고 해서 부모님과 상담 약속을 잡기 위해 수차례 연락했지만 만나기는커녕 전화 통화도 하지 못했다. 담임의 번호가 찍혀 있으면 한번 연락할 만도 한데, 끝내 부모님을 만날 수 없었다. 할 수 없이 반쪽 같은 교사가 되어 그 학생을 지키는 쪽을 택했다.

부모님에게 어느 학생들처럼 학원에 보내고, 아이처럼 살아가도록 해 달라고 말하고 싶었다. 그런데 결국 통화 한 번 하지 못한 채 학년을 마쳤다. 학년이 달라지면서 그 학생도 성장하고 학부모도 변화할 기회는 열려 있으니 지나치게 걱정을 하지는 않았지만, 그 시간을 조금이라도 당기지 못한 것이 아쉬움으로 남았다. 그렇다고 내가 실망스럽지는 않았다. 나는 담임으로서 할 수 있는 만큼 시간을 들이고 그 학생을 보살폈다. 녀석은 알지 못했겠지만 나는 다른 학생들로부터 녀석을 보호하느라 어떤 학생보다 그에게 많은 에너지를 쏟았다. 노력은 교사만 하는 것이 아니다. 학생도 하고 학부모도 해야 한다.

27 해결지향교사가 할 수 있는 일

우리가 지금까지 나눈 이야기를 통해 교사가 학교에서 어떤 힘과 영향력을 가지는지 알게 되었다. 하지만 이 글을 읽는 그대들이 이런 사실을 수용할 수 있는지 궁금하다. 그리고 불신이 커지고 있는 학교에서 그래도 교사에게 희망이 있다는 주장에 동의하는지도 알고 싶다. 나는 그대들이 힘든 짐을 지고 있다는 것을 알지만 그럼에도 진심으로 교사가 희망임을 믿는다. 그렇기 때문에 교사들이 더 바람직한 방향으로 학생들에게 영향력을 발휘하기 위해서는 세상과 학생을 바라보는 관점을 바꿀 필요가 있다고 이 책에서 거듭 제안했다. 인식의 전환이 일어나야 우리가 쓰는 말과 행동이 바뀌고, 그에 따라 학생들에게 건강한 교육적 영향을 미칠 수 있다.

여기까지 읽은 당신이라면, 강점과 자원이라는 말을 들을 때 특별히 잘하는 무언가 만을 뜻한다는 사실을 떠올리지는 않을 것이다. 그리고 학생이 할 수 있는 일, 작아도 스스로 해낼 수 있는 경험, 학생이 큰 무리 없이 일상적으로 하는 행동과 태도, 문제 되지 않는 점을 먼저 바라볼 때 변화가 빠르다는 사실도 알게 되었을 것이다. 또 이를 도와주기 위해 그대가 작성하는 '학생의 강점 목록'이, 선생님인 그대 눈에 비친 '학생에 관한 나쁘지 않은 모든 것의 기록'이라는 점도 확실히 이해했을 것이다. 여기에 더해 지금까지 책에서 소개한 내용을 조금이라도 실천하거나 실험해 본 교사라면 학급에서 그대를 힘들게 하고 불편하게 만들면서 눈을 떼지 못하게 하던 학생의 수가 감소했음을 체감할 것이며, 학생들과의 시간을 더 이상 꾸중하고, 혼내면서 소모하고 있지 않다는 것도 깨달았을 것이다. 학생들의 행동 문제를 지적하고 그 문제를 없애기 위해 노력하던 지난날에 비해 그저 학생들의 '문제 아닌 때에 주목'할 뿐인데 예전보다 그들이 그대에게 가까이 다가와 있고 더 자주 웃을 것이다.

해결지향교사가 되면 할 수 있는 일들이 많다. 한 번 궤도에 안착하면 안정적으로 할 수 있는 일들이 많아지는 것과 같다. 그렇다면 해결지향교사가 된 그대는 어떤 일을 할 수 있을까? 몇 가지를 살펴보면 다음과 같다. 우선 해결지향교사는 먼저 학부모를 도울 수 있다. 해결지향적인 교사는 학부모 또한 해결지향적인 부모가 되도록 도울 수 있다. 평범한 교사가 해결지향교사로 변화할 수 있다면 학부모들이라고 하지 못할 이유가 없다. 교사가 지속적으로 학생의 장점을 언급하면 그 말은 부모에게 전해지고 시간이 갈수록 부모의 마음에 학생의 좋은 점이 쌓이고 점차 문제 아닌 점이 눈에 띈다. 그렇게 장차 제 안에 접힌 붉은 꽃잎을 피우도록 학교와 가정이 도울 수 있는 기회를 만들어 낼 수 있다. 이런 일이 지속되면 학생의 삶은 분명 달라지지 않을까?

그러면 어떻게 실천해 볼 수 있을까? 여기 정기적으로 학생의 상황을 학부모에게 전하는 교사가 있다고 가정해 보자. 그런데 이 교사는 여느 교사와 달리 학생이 문제를 일으킨 경우가 아니라 평상시, 즉 문제가 없을 때에 학부모와 연락을 취한다. 교사들이 심각한 일이 발생할 때에야 학부모에게 연락하는 모습과는 반대다. 이 선생님은 평소 학생을 자세히 관찰하고, 학생에게서 발견한 강점 목록을 정리해 둔다. 그런 뒤 이 강점 목록을 토대로 학부모와 대화한다. 몇 번만 해 보면 그리 어려운 일이 아니다. 학생의 강점 위주로 대화하면 교사와 학부모는 서로에게 감사하며 희망적인 메시지를 나눌 수 있다. 어색하거나 여러 모로 조심스러운 관계임에도 불구하고, 교사가 작성한 강점 목록 덕분에 학부모와 점점 더 긍정적인 감정과 신뢰를 쌓을 수 있다. 때로는 예기치 않은 사건이 학급에서 발생하고 사태가 악화되는 상황이 되더라도, 문제가 불거진 후에 부모에게 통보하듯 연락할 때보다는 훨씬 부드럽게 접근하고 효과적으로 대처할 수 있다.

그리고 교사가 학생에게 좋은 영향을 미칠 수 있는 것과 같이 학부모에게도 효과적인 양육 방식을 알려 줄 수 있다. 교실에서 교사가 관찰한 학생의 좋은 점을 부모에게 꾸준히 전달하면 학부모의 시선이 교사처럼 변하도록 도울 수 있다. 학부모와 평소에 대화하기 어렵다면 한 학기에 한 번 있는 학부모 상담주간을 활용해도 좋다. 강점 목록을 토대로 문제가 발생하지 않은 시간들을 학부모와 나눔으로써 부모가 해결지향적이 될 수 있도록 도울 수 있다.

해결지향적인 교사는 부모뿐 아니라 학생들도 문제보다 문제 아닌 것에 집중하도록 훈련시킬 수 있다. 이런 부분은 굉장히 중요한데, 나는 이를 신의 축복과도 같은 일이라고 본다. 교사가 학생을 보는 눈이 바뀌면 자연스럽게 학생들도 교사를 따라 변한다. 학생이 문제를 일으킬 때만 즉각 반응하던 행동을 하지 않을 뿐인데, 학생들은 밝고 활기 넘친다. 물론 과거보다 북적북적하고 시끄러운 학급 분위기가 만들어질지 모른다. 하지만 싸우고 고자질하는 일은 줄고, 양보하고 서로 배려하며, 수업에 집중하는 학생들을 얻게 된다. 교사는 문제 행동을 하는 학생을 지도할 때도 강점 목록를 유용하게 적용할 수 있다. 목록에 적힌 내용을 활용해 어떤 경우에 문제가 일어나지 않는지 떠올리게 하고, 같은 상황이라도 학생이 문제를 일으키지 않을 수 있는 능력을 이미 가지고 있음을 깨닫도록 할 수 있다. 이렇게 보면 불안하고 복잡한 학교 환경에서 살아가는 지금도 여전히 교사는 학생들에게 충분히 의미 있고 가치 있는 도움을 줄 수 있는 사람이다. 그래서 더 멋지고 매력적이다. 학생들이 평생 살아갈 날들 속에 그대처럼 해결지향적인 사람으로 사는 눈을 심어 준다면, 한 명의 교사가 하는 일 치고는 너무 대단하지 않을 수 없다.

해결지향교사로서 학생과 학부모를 더 잘 이해하고 돕기 위해서는 해결중심접근에서 부모와 자녀를 상담하기에 앞서 어떤 전제를 가지고 접근하는지 아는 것이 도움이 된다. 왜냐면 이러한 가정들이 부모와 자녀 서로의 행동 뒤에 깔려 있는 속마음이나 동기를 설명해 주기 때문이다. 어떤 마음에서 부모가 말하고 행동하며, 무엇을 원하는 마음이 자녀의 행동 밑바닥에 깔려 있는지 파악하면, 부모와 자녀 사이에 오해가 생기거나 갈등이 일어날 수 있는 여지를 줄여 줄 수 있다. 아동의 문제로 가족상담을 하는 경우에도 해결중심접근의 전제는 매우 유용하다. 지금부터 부모와 자녀에 대한 해결중심접근의 전제를 알아보자.

첫째, 부모는 자녀에게 자부심을 느끼고 싶어 하며 긍정적인 영향을 주려고 한다고 가정한다. 다른 사람들이 내 자녀를 칭찬하는 모습을 보고 싶고, 좋은 아이라는 말을 듣고 싶어 한다고 본다. 그리고 가급적이면 자녀가 재미있고 즐거운 순간을 많이 가지기 바라고, 자녀의 미래가 희망적이기를 기대한다. 또 부모는 자녀와 원만한 관계로 지내면서 자녀에게 좋은 부모이기를 바란다는 것을 전제로 한다. 둘째, 해결중심접근에서는 자녀도 이런 마음에서 행동한다고 본다. 자녀는 부모에게 자랑스러운 사람이 되고 싶으며, 자신으로 인해 부모가 기뻐하기를 바란다고 가정한다. 자녀는 가족이나 학교 사회의 구성원으로 인정받고 받아들여지길 원하며, 친구들이나 가족 같은 사회구성원들과 친밀한 관계를 맺기를 바란다. 또한 늘 새로운 걸 배우길 원하고, 놀라운 일을 함으로써 가족과 학급 구성원에게 자신의 존재를 증명하고 인정받고자 한다고 가정한다.

지금까지 부모와 자녀에 대한 속마음이 어떤지 그 가정을 살펴보았는데, 한편으로는 교사들은 자신의 행동과 말 뒤에 자리한 마음을 솔직하게 알고 있는지, 그리고 학생의 마음을 제대로 해석하고 있는지도 궁금하다. 또 학생이 교사를 바라보는 속마음은 어떨지 생각해 본 적이 있는지 모르겠다. 그런데 현장에서 접하는 교사들의 사례를 보면, 교사와 학생이 서로의 마음을 알지 못하는 데서 빚어지는 오해나 갈등이 많다. 있는 그대로 마음을 표현하지 못하는 건 교사와 학부모, 학생 모두 마찬가지다. 어찌 보면 우리는 내 마음이 무엇을 말하는지 들여다보지 못하고, 원하는 바를 진솔하게 표현하는 방법도 충분히 익히지 못한 게 아닌가 싶다. 교사들과 상담 컨설테이션을 진행하다 보면 문제가 빠르게 해결되는 순간이 있다. 학생 문제로 고민하는 교사에게 그 학생의 행동과 말 뒤에 숨은 의도나 마음을 읽어 주었을 뿐인데 둘의 관계가 호전된다. 교사의 본디 마음은 학생에 대한 사랑이다. 그런데 교사가 사랑을 학생에게 표현 할 때는 아이러니하게도 비난이나 꾸중의 형태를 취한다. 꾸지람을 통해서는 교사가 학생을 걱정하고 잘되기를 바라는 마음이 잘 전해지지 않고, 역효과가 나는데도 말이다. 교사 자신이 학생에게 원하는 바가 무엇인지 확인하고, 그걸 어떻게 표현하는 게 효과적인지 짚어 나가면 학생과의 갈등이 상당 부분 해소된다.

교사는 사물이나 기계가 아니라 인간을 만난다. 사람, 특히 학생과 학부모를 어떻게 바라보는지가 매우 중요하다. 세상을 바라보는 눈이 긍정적이고 낙관적일 때 교사 자신을 향해서도 좋은 해석이 가능하고, 주변인들과의 관계에서도 좋은 점을 볼 수 있다. 그 결과 교사를 둘러싼 모든 관계 즉, 자기 자신, 학생과 학부모, 동료, 그리고 가족과 맺는 관계가 긍정적으로 변모할 수 있다.

만약 당신이 해결지향적인 교사로 살아간다면 학생과 학부모와 해결지향적인 관계를 가꿔 나갈 수 있다. 이를 통해 어제 보다 조금 더 나은 교사가 될 것이다. 같은 것을 보더라도 과거처럼 문제 중심적인 눈으로 바라보지 않고, 문제가 아닌 점을 먼저 발견할 수 있으며, 어제와 같은 자리에 서 있더라도 이전과 다르게 학생을 바라볼 것이다. 학생의 강점과 예외에 집중하며 해결지향적인 교사로 살아간다면 학생을 돕고 학부모를 도움으로써 궁극적으로는 교사, 즉 자신을 도울 것이다. 꿈같은 일 같지만 그런 아름답고 멋진 일이 그대에게 일어날 수 있다.

나는 가끔 스스로에게 질문해 본다. 교사라는 이름으로 불리는 이들의 운명이 있을까? 있다면 무엇일까? 곰곰이 생각해 보면 어떤 상황에서든 내 앞의 학생을 향해 가슴을 내어주고 끌어안으며 가는 것이 선생 된 자의 운명이 아닐까 싶다. 알아주면 고맙지만 몰라줘도 괜찮아야 하는 사람, 부모가 주지 못한 어깨 한쪽을 내어주는 존재, 때때로 너무나 추운 인생에서 희망의 힘을 주는 어른, 어쩌면 교사의 운명은 그런 존재가 되는 게 아닐까.

28 그럼에도 힘겹고 지칠 때

이 책을 마무리하며, 지난 시간을 되돌아본다. 과연 나는 선생님의 영향력을 의식하고 그 믿음을 실천하는 교사였던가? 학생들, 학부모들 그리고 학교에서 발생하는 다양한 문제를 마주하는 동안 교사임을 자각하면서 공정하고 중심을 잃지 않으려고 했던가? 지금까지 내내 주장해 온 바대로 학생들이나 학부모들에게 그 마음으로 살아왔던가? 그리고 나의 노력이 무슨 소용이 있는지, 남들은 알지도 알아주지도 않을 일을 힘들여 하면서 회의를 느낀 적은 없었던가?

그렇지 않다. 수없이 갈등했고 회의감을 느꼈던 순간이 많았으며 화나고 속상할 때가 있었다. 25년 이 넘는 시간 학교에서 겪었던 일을 떠올려 보면, 억울해서 입을 앙다물어야 했던 때도 있었고, 어떻게 그럴 수가 있는지 싶은 화나는 적도 있었다. 만약 요즘의 나 같았으면 이의를 제기했을 일이지만 그때는 어떻게 해야 할지도 몰랐고, 그런 일이 벌어진 것이 모두 내 탓인 것만 같아서 두려웠다. 내가 했던 실수도 있었겠지만 그럼에도 억울하다고 생각될 때마다 내 생각이 옳은지 의심하고, 옹졸한 것은 아닌지 자문자답하게 만들고, 마음 저 밑에 짙은 그림자를 새기게 하면서, 그렇게 학교는 내게 친절하지 않았던 적이 많았다. 그럼에도 다행스러웠던 일은 나는 내가 하는 생각에 흔들리지 않으려 했고, 일정 시간 후에는 다시 평정을 되찾았다는 것이다. 이런 노력이 타인의 눈에 띄지는 않았을 것이다. 하지만 지난 시간을 돌이켜 보면 수없이 의심하고 갈등하면서도 학생들 앞에서 만큼은 내가 그들에게 중요하며 그들을 돌보아야 할 사람이라는 사실을 잊지는 않고 살았던 것 같다.

학교에 몸담은 교사들 특히 초등 교사들을 보면 반가우면서도 애틋하다. 오늘날 급격한 변화의 최전선에서 그들처럼 모순과 어려움을 온 몸으로 부딪치는 사람들이 없는 것 같다. 그래서 더 안타까운 느낌도 들고 사랑스러운 마음도 생긴다. 하지만 근래 학교에 가 보면 가끔은 이런 내 마음을 드러내 보이기가 무색할 정도로 교사들이 너무 지쳐 있다는 생각이 들 때가 많다. 내가 근무했던 학교와 지금의 학교는 달라졌고, 지금 이 순간에도 변하고 있으니 어쩌면 나는 그들이 처한 환경을 정확히 알지 못할 수도 있지 않나 의문스러울 때도 있다. 그리고 요즘 교사들이 새긴 경험의 무늬에는 내가 하는 말이 채색될 공간이 없을 수도 있겠다는 생각이 들기도 했다. 그들의 말에는 현재 어떤 심정으로 학교에 서 있는지가 느껴진다. 모든 교사들이 그렇지는 않지만 무기력함을 느끼거나 우울감, 또 번아웃을 경험하는 것은 아닐지 염려스러운 교사들도 보인다. 어떤 경우 말과 행동에서 분노의 감정이 전해지기도 했다. 어떤 교사는 '이렇게 어려운 시기, 다루기 어려운 학생들을, 제도적 장치와 보호 없이, 교사가 중요하다고 하면서, 등 떠밀고 책임지게 한다'는 취지로 불만을 제기했던 것도 같다. 이렇게 소리 내어 외치는 교사들과 함께 말하지 않은 이들에게서도 교직생활이 주는 순수한 의미나 가치를 잃어버린 표정이 느껴졌다. 충분히 이해하면서도 마음이 너무 아팠다.

다행인 것은, 이런 주장을 제기하는 교사들은 연수가 진행되는 동안 대부분은 고개를 끄덕이고 자신의 자리에서 자신이 해야 하고 할 수 있는 일을 찾으려는 모습을 보인다는 것이다. 하지만 중요한 것은 학교 자체가 애초에 이런 불만이 나오지 않도록 제도적인 장치를 마련하는 것일테다. 교사들이 교사로서 정체성을 가지고, 삶의 동인을 잃지 않도록 보호하고 지지해 주는 배경이 마련되어야 한다. 교사들에게 특히 힘든 때가 언제인지 물어보면 대부분 비슷한 대답을 한다. 학생에게 문제가 있더라도 학부모와 협력이 되면 어떤 식으로든 변화가 생기기 때문에 그렇게 절망스럽지는 않다고 한다. 하지만 부모의 돌봄이 부적절한 경우, 방치되거나 다양한 이유로 부모에게서 긍정적인 영향을 받지 못하는 학생, 거기에 부모와도 협조가 어렵고 학생의 문제는 심각한 경우는 교사들도 진이 빠지고, 거의 자포자기 상태에 이른다고 한다. 자신이 할 수 있는 만큼 다 했는데도 문제 행동이 반복되고 악화되는 상황이 벌어지면 자신감이 바닥나고 매일 눈뜨고 학교에 가는 것이 죽을 만큼 힘들다고 말한다. 그 말을 하는 교사들의 심정이 이해가 되고도 남았다. 학부모가 돌보지 않아도 학생은 내 교실에 있다. 학생은 끊임없이 문제를 만들고, 교사는 어떻게든 중재하고 벌어진 일을 수습해야 하지만 부모의 협조를 받을 길은 요원하다면 힘이 빠질 수밖에 없다. 그런 상황에 처한다면 누구든 힘겹고 외롭고 억울함을 느끼고 소진되지 않을까? 학교에서도 교사의 정신건강에 대한 심각성과 중요성에 대해 인지하기 시작했고, 현재 필요한 교사들이 심리 서비스를 이용할 수 있도록 하는 제도가 운영 중인 것으로 알고 있다. 그러나 이런 정책은 보다 확대되어야 하고, 어느 상황에서든 쉽게 접근해 이용할 수 있도록 만들어야 한다. 교사의 마음이, 정신이 튼튼하고 건강해야, 살 만하고, 행복하고, 학교에 가고 싶은 마음이 있어야 학교에서 필요한 교육을 요구하고 기대할 수 있다.

다시 이야기로 돌아가자. 지금 만약 학급에 다루기 어려운 학생이 있다면 어떻게 할 것인가? 힘들고 지친 교사에게도 숨 쉴 구멍이 필요하다. 교사가 만약 혼자 힘으로 부족하다는 판단이 들고, 학부모의 협조를 얻을 수 없다면 학교를 둘러보고 협력할 수 있는 대상들과 연대하는 방법을 찾을 필요가 있다. 앞에서 언급했듯이 전문상담교사가 있다면 그의 도움을 받고, 학교사회복지사가 있어서 도움을 받을 수 있는 여건이라면 그의 도움도 받도록 한다. 또 보건교사는 대부분의 학교에 근무하기 때문에 그와도 협력할 수 있다. 또 같은 학년의 선생님들로부터도 도움을 받을 수 있을 것이다. 협력할 수 있는 모든 교사들과 교사협의회(가칭)를 구성하고, 단체로 움직이는 것이 교사들에게 힘을 실어 줄 수 있다. 문제 행동을 하는 학생을 지원할 수 있는 시스템이 학교에 잘 구축되어 있다면 이 제도의 도움을 받으면 되지만, 그렇지 않을 경우 이 학생을 교사 혼자서 감당하기는 벅차다. 그러니 협력이 가능한 교사들끼리 연대하고 협력해서 좋은 아이디어를 구하고, 함께 노력 할 일을 결정하는 것이 바람직하다. 여러 사람이 지혜를 모으는 일은 이런 때 필요하다. 정기적으로 모여 회의를 하고, 관찰된 학생의 행동을 바탕으로 어떤 점이 해당 학생의 문제 행동을 감소시키는 데 도움이 되는지 서로 자료를 공유하는 것도 도움이 된다. 만약 내 학급 학생의 일로 이런 협의회가 만들어졌다면 거기에는 전담교사들도 참여할 수 있다. 즉, 해당 학생의 문제 행동을 긍정적으로 변화시키는 데 도움이 되는 교사들이라면 공동노력을 하는 것이 바람직하다는 의미다.

내가 도움을 받았다면 다음에는 내가 다른 교사를 도와줄 수도 있다. 여러 번 언급했듯 학교에 이런 제도가 이미 마련되어 있다면 이를 활용하면 된다. 그러나 이런 시스템이 없다면 교사들 스스로 협력해 만들어 나가는 것이 좋다. 학생을 위해 또는 교사의 일로 관리자에게 요구사항이 있을 경우에도 한 명의 교사가 요청하는 것보다는 협력하는 교사들 모두의 동의를 얻은 주장이 훨씬 설득력이 있고, 주의를 집중하게 만드는 효과가 있다. 또한 학교 외부의 전문가에게 학생을 의뢰하는 것이 옳다고 결정할 때도 혼자의 말보다는 여럿의 목소리에 무게가 실린다. 이렇듯 혼자보다는 여럿의 생각이 주는 힘을 무시할 수 없다. 지금쯤 학교가 변화해 이런 제도가 운영되고 있다면 얼마나 좋을까 싶다. 그래서 교사가 손 내밀 때마다 거기 필요하고 적절한 도움이 기다리고 있다면 얼마나 좋을까. 그러나 우리는 이런 모습과는 거리가 있는 현재의 학교에 있다. 이 공간에서 나와 내 학생들의 삶이 이루어지고 있으며, 우리의 생이 이 공간에서 흘러간다. 나에게 없는 것을 불평하며 할 수 없다고 말하기에 우리의 삶은 유한하고 소중하다. 그러니 꿈꾸는 변화가 도래하고 원하는 도움이 준비되는 그때가 올 때까지는 우리는 힘껏 살아가야 한다. 이것이 우리의 현주소다.

만약 교사인 그대가 너무 우울하고 무기력하고 번아웃의 상태라면, 아무리 강점관점, 교사의 역할이 중요하고 교사가 끼치는 영향이 대단하다는 것을 알면서도 그것을 위해 쓸 에너지를 만들어 낼 수 없을 것이다. 만약 자신의 상태가 이러하다고 판단되면 전문의의 도움을 받는 것이 중요하다. 순간적인 감정 조절이 어렵고, 아무리 노력해도 학생들에게서 좋은 점을 보기 힘들고 학생의 문제와 단점이 부각된다면, 자신을 더 돌보아야 할 때라는 신호다. 전문가를 만나며 치료를 받다 보면 점차 상태가 호전될 것이다. 하지만 이보다 훨씬 더 중요한 것은 평소에 소진되지 않도록 교사가 자신을 보호하는 것이다. 나는 가끔 우스개 삼아 지인들에게 말한다. "가족에게 약간 미안할 정도로만 하라." 가족에게 미안한 마음이 있으면 더 잘해 주게 된다. 언제나 최선을 다해 전부 주다 보면 가족은 당연한 것으로 받아들인다. 그러다 보니 자신을 위해 쓸 시간도 돈도 에너지도 남겨둔 것이 없다는 것을 깨달으면 가족을 원망하게 된다. 자기가 베풀어 준만큼 기대하고 그에 미치지 못하는 결과가 있을 경우 실망하고 상대에게 서운한 감정이 든다. 자신이 그동안 애썼던 것의 결과가 고작 그것뿐이라는 생각에 심하게 우울감을 경험하기도 한다. 이는 학교 상황에서도 마찬가지다. 교사가 에너지가 넘치고 살아 있는 듯해야 학생들도 바라보게 되고 나누고 줄 수 있다. 그러니 자신을 보호하고 돌보는 것이 먼저다. 그래야 학생도 학부모도 동료도 건강하게 관계할 수 있다. 이를 위해 가끔 교사 연수에서 말하는 내용이 있다.

"건강한 학교생활을 하기 위해서는 먼저 교사가 자신을 아끼고, 존경하고, 껴안아야 합니다. 자신을 스스로 자주 칭찬하고, 학생을 위한 강점 목록만 작성할 것이 아니라 자신의 강점 목록을 수시로 채워 나가야 합니다. 타인이 알아주고 인정하기를 기다리기보다 칭찬할 일이 있다면 스스로를 힘껏 인정해 주고 자신에게 원하는 상을 주도록 하세요. 다른 사람들이 해 주기를 기다리기보다 내가 내 마음을 가장 잘 아니 스스로가 좋아할 만한 것을 주면 됩니다."

"그리고 학생들에게 문제가 생긴다면 할 수 있는 한 다른 사람들과 협력하는 것이 필요합니다. 학생들에게는 성숙한 어른의 모습으로 평정심을 유지하고, 학생들을 보면서 자부심을 표현해 보세요. 그리고 그들의 예의 없음과 불손을 자신에 대한 도전이라고 받아들이기 전에, 그들의 발달단계를 이해하고 인내하며 가르치는 것도 필요합니다. 학생들을 신뢰하고, 사랑하며, 이러한 사실을 학생들에게 적극적으로 마음껏 표현할 수 있어야 합니다. 저는 교사가 학생에 대한 마음을 솔직하게 표현하는 것, 이게 무엇보다 중요하다고 생각합니다. 그리고 학생들에 대해 자신이 어떤 고정된 틀이나 선입견이 없는지 꼭 돌아보아야 하고, 학생이 어떤 문제 행동을 했다면 자신이 가진 틀이나 범주에 학생들을 맞추어 재단하거나 판단하지 말고, 해당 학생에게 직접 이유를 듣는 것이 좋습니다. 가능한 한 학생들에게 선택권과 주도권을 부여하도록 노력하세요. 그리고 자신을 비롯해 교내 협력교사들이 함께 해도 다루기 어렵다면 학교 밖 전문가의 도움을 요청하는 것이 좋습니다. 교사가 모든 것을 다 잘 할 수는 없습니다."

"가능하면 좋아하는 일을 꾸준히 하며, 자신이 원했던 삶의 모습을 그려보세요. 긍정적이고 낙관적인 삶의 태도를 유지하기 바랍니다. 무엇보다 긍정적인 정서를 유지하는 일은 해결지향적인 교사가 되고, 자신, 가족, 학생, 학부모와 동료들과 함께 살아가도록 돕는 중요한 일입니다. 긍정적인 정서를 획득하기 위해서 전문가들은 감사하기, 햇빛을 쬐기, 규칙적인 운동을 하고 타인을 도와주는 봉사활동을 권합니다. 또한 우리의 뇌는 일부러 짓는 웃음과 진짜 웃음을 착각한다고 하니 볼펜을 물고 스마일 연습을 꾸준히 하는 것도 좋습니다. 뒤센 미소를 짓는 사람들은 훨씬 행복하게 산다고 합니다."

이렇게 쓰고 있지만, 한편으로는 현재가 힘겨운 교사들은 나의 이런 말이 귀를 막고 싶은, 먼 곳에서 두드리는 북소리처럼 들리지 않을까 염려하는 마음도 있다. 만약 이런 상태에 있는 그대라면 나는 그대가 밉고 안타깝기 보다는 애틋하고 도와주고 싶고 안고 토닥여 주고 싶다는 말을 전한다. 내가 이 책을 통해 하는 말이 모두 옳다거나 현재 교사들이 잘못하고 있다는 의미로 받아들여지지 않았으면 좋겠다. 절대 그런 뜻이 아니기 때문이다. 이 책을 읽으면서도 무언가 좋은 에너지가 생기지 않는다면 시간을 가질 필요가 있다. 언젠가 그대가 준비되면 그때 나의 말들이 그대 마음에 살금살금 스며들지도 모르니 말이다. 때가 되면 그대에게 맞는 이름이 불리워질 것이니, 그때 그를 따라나설 힘도 생길 것이다.

이 책을 쓰기까지

가끔 학교는 안녕한지 궁금했다. 급변하는 환경 속에서도 학교
만큼은 잘 지내기를 바랐다. 지금도 늘 학교에 속한 모두가 평안
하기를 소망한다. 퇴직 전, 언제인지 정확한 날짜를 기억할 순 없
지만 오랫동안 몸담았던 그 학교와 이젠 안녕을 고해야 할 때라
는 생각이 들었다. 어려운 결정이었다. 학교는 내 삶 그 자체였으
니까.

교실 화분에서 기어오르는 완두콩, 초록색의 신답서스, 은박지
를 붙인 실험용 봉숭아를 들여다보며, 붉은 물이 어디까지 올라
갔는지 학생들과 쑥덕거리는 것이 즐거웠다. 교실 문을 열면 풍겨
오던 아찔한 치자 꽃향기와 작고 하얀 쥐똥나무 꽃의 향기, 학교
울타리의 붉은 장미와 바람을 따라 흰 눈처럼 날리던 연분홍 꽃

잎은 황홀했다. 교실에는 눈을 반짝이며 내가 지어내는 '당근과 토끼' 이야기를 듣고 또 듣고 싶어 했던 학생들이 있었고, 쉬는 시간이면 우르르 몰려와 '선생님'을 바쁘게 찾던 아이들이 있었다. 이 모두와 이별한다고 생각하니, 만감이 교차했다. 그럼에도 나는 학교를 떠났다.

만 48세 여름, 명예퇴직을 했다. 누군가 물을 때가 있다, 보통의 경우보다 이른 퇴직을 결심한 이유가 있는지. 생각해 보면 여러 가지가 있겠으나 나답게 꽃필 수 있는 시간을 살아야 한다는 절박한 심정이 퇴직을 앞당긴 중요한 이유였던 것 같다. 2013년 4월, 평소 존경하던 구본형 선생님께서 작고하셨다는 소식을 들었다. 믿기 어려웠다. 불과 돌아가시기 6개월 전 가을에 뵈었을 때 선생님은 향후 10년을 계획하고 계셨다. 질질 끌며 내 목을 죄던 학위만 마치면 '구본형 변화경영연구소' 연구원에 도전하리라 마음먹었는데, 그 일은 영영 이루어질 수 없는 꿈이 되었다. 선생님께서 주셨던 짧은 편지를 읽고 또 읽었다. 가을이 다 가고 겨울이 코앞이었던 어느 날 받아 든 선생님의 마지막 답신에서 고요함과 쓸쓸함이 묻어났다. 가슴이 미어졌다. 두어 달을 슬픔 속에서 보내며, 도무지 현실감 없는 그 일을 받아들이는 동안, 삶이 무한한 듯 머뭇거리며 뜸 들였던 내 마음이 폭풍 같은 후회로 뒤집혔다.

'우리는 내일 어떻게 될지 알 수 없는 시간 속에서 산다. 원하는 일을 할 수 있는 완벽히 준비된 시간은 존재하지 않는다. 내가 걸고 살아 내는 그 인생이야말로 내 것이다.'

슬픔 속에서 자책했다. 그리고 교사로서 열심히 살았으니, 남은 생은 나를 더 나답게 만드는 일을 하며 살아야겠다고 생각했다. 그리고 몇 달 후 퇴직을 했다. 운이 좋았다. 어떤 미래가 닥치든 나는 그 시간과 기쁘게 악수할 준비가 되어 있었다.

가끔 생각할 때가 있다. 내가 왜 지금 학교 밖에서 학교를 만나는지. 그럴 때면 이게 당연한 귀결이었을지 모른다는 생각을 한다. 교직생활을 돌이켜 보면 다양한 업무 중에서 학생이나 학부모와 하는 상담을 유독 좋아했다. 학생이나 학부모를 만나는 일이 정말 재밌었다. 딱 맞는 옷을 입은 것 같았고, 자주 입어도 질리지 않는 옷을 걸친 느낌이었다. 평생 상담활동을 하면서 살면 얼마나 좋을까 하는 생각을 문득문득 했다. 학기 초, 학교 부적응 학생이 내 학급에 들어오면 가슴이 두근거렸다. 학생과 면담하고, 부모와 상담과 양육코칭을 하고, 교실에서는 내가 학생을 돌보았다. 그러면 신기하게도 학생은 전 학년에서 일으켰다던 문제를 보이지 않았고, 특별한 말썽 없이 학교생활을 해 나갔다. 변화의 피드백은 학부모로부터 왔다. 아이가 달라졌다는 말을 들을 때 나는 정말 좋았다. "이렇게 학교를 좋아했던 적이 없었다. 눈만 뜨면 학교를 가려고 한다."는 말을 들었을 땐 기뻐서 가슴이 터질 것 같았다. 물론 이런 변화는 교사 생활을 시작했던 때부터가 아니라 경험이 쌓이면서 더 자주 일어났다.

상담훈련을 받으며 2003년에는 내 교실을 넘어 학교 전체를 대상으로 프로젝트를 만들기도 했다. 누가 시킨 일도 아닌데 '학교 상담 계획'을 수립했다. 인성교육 담당부장도 엄연히 존재했을 때였지만, 학생들에게 필요한 일임에도 학교에 상담실이 없다는 생각에서 시도한 일이었다. 교장선생님께 말씀드려 비어 있는 공간에 상담실을 만들고, 수업이 없는 내 시간을 그 일에 바쳤다. 당시는 초등학교에 '전문상담교사'제도가 도입되기 전이었다. 그땐 미처 생각지 못했으나 문득, 다른 사람들 눈에 나는 어떻게 보였을까 싶은 생각이 든다. 어쩌면 조금 유별나게 보였을지도 모를 일이다. 남이 뭐라 하든 나는 상담이 정말이지 좋았다.

시간이 흐르면서 혼자서는 역부족이라고 벅차할 즈음에 때마침 학교에 '전문상담교사' 제도가 도입되기 시작했다. 이번에는 그들을 채용하고 학교에 적응해 일할 수 있도록 돕는 업무를 맡았다. 학교에 대해 잘 모르는 전문상담교사들이 업무를 잘 할 수 있도록 돕고, 그들이 다루지 못하는 학생은 아이러니하게도 내가 만났다. 비록 생활기록부에는 학생이 전문상담교사로부터 상담을 받아야 '전문상담'을 받은 것으로 기록할 수 있었지만, 전문상담교사의 능력으로 도울 수 없는 학생은 내가 만났고 나는 그 일을 잘 했다.

지금이야 덤덤하게 말하지만 내 학급 학생들을 챙기면서, 전문상담교사가 어찌할 수 없는 학생까지 맡아야 한다는 현실에 마음이 복잡했다. 학년이 바뀐 지 여러 달이 지나도록 등교를 거부하던 학생도 있었다. 복도에서 교실을 기웃거리다가 담임교사만 보면 도망치듯 집으로 가버리는 그 학생을 담임도 전문상담교사도 어떻게 해야 할지 몰랐다. 이쯤에서 짐작하겠지만 내가 학생을 만나면서 학생은 교실에 들어서고, 교실에 머무는 시간이 길어지다가 마침내 친구들과 일상적인 학급생활을 하게 되었다. 그 학생의 등교 거부에는 학생 본인뿐 아니라 여러 사람과 요소가 관련되어 있었기 때문에 어떤 이유가 교실에 들어서기를 어렵게 하는지 정확히 파악하고, 그들 사이를 오가며 상담하고 중재할 수 있는 능력이 필요했다. 여기에 더해 학교라는 구조를 잘 알아야 했고 가족 전체를 다룰 수 있어야 했으며, 개인상담, 가족상담, 담임면담, 양육코칭까지 모두 수행할 수 있어야 했다. 한마디로 상당히 어려운 이슈였는데, 다행스럽게도 내게는 그걸 해결할 수 있는 역량이 있었던 것 같다. 고마운 일이었다.

학생에게 일어나는 대부분의 사건은 학생만의 문제가 아니다. 다양한 요인과 관계가 얽히고 상호작용한 결과다. 부모, 가족, 또래, 교사 등 학생과 관계를 형성하고 있는 주변인들은 학생에게 영향을 끼치는 굉장히 중요한 사람들이다. 그렇기에 학생의 체계에 포함된 다양한 변수로서 고려해야 한다. 지금은 학교에서 학생의 어려움을 돕기 위한 가용 자원을 최대한 활용하고, 학부모도 여기에 참여시키려 노력하지만, 당시에는 지금과 같은 노력이 활발하지는 않았다. 지켜보기에 안타까운 일도 종종 발생했다. 심각한 일이 아니었는데도 문제해결 과정에서 악화되어, 교사와 학부모, 학부모들 간에 오해가 쌓이거나 갈등의 골이 깊어져 의도하지 않은 방향으로 문제가 전개되는 경우도 있었다. 교사가 문제를 해결하려고 애쓰지만 사태가 점점 꼬여서 더 이상 손쓰기 어려워지는 일도 생겼다. 그리고 한 교사에게 해마다 비슷한 일이 반복해서 일어나는 것을 보면서 그 교사에게 무언가 변화가 필요하다는 생각도 했다. 이 책을 써야겠다는 마음은 어쩌면 그 당시 문제의 소용돌이 속에서 보았던 한 선생님의 얼굴에서 시작되었는지도 모르겠다.

교사로 재직하는 동안 내가 그다지 어려워하지 않았던 활동 즉, 학생을 돕기 위해 학생뿐 아니라 학부모를 만나는 일은 어떻게 보면 초등학교 담임교사보다는 훈련받은 가족상담사의 업무에 가까웠다. 그 일은 교사들에게 꼭 필요하고 중요한 일이었지만, 그 당시 초등학교에서 기대하기에는 무리가 있었다. 그런데 학교와 상담의 교집합 안에 내가 있었고, 앞서 말했듯 나는 그 일을 곧 잘한다고 느꼈다. 교사들에게 중요한 학생상담, 학부모와의 상담을 잘할 수 있도록 안내하는 일, 그 일은 누군가는 해야 한다고 보았고, 그것이야말로 내게 주어진 두 번째 소명이라는 확신이 들었다. 누군가에게는 이상적으로 들릴 수 있겠지만 나는 내 마음이 떨리며 부르는 소리를 따라가기로 마음먹었다.

선생님으로 사는 동안 내가 늘 유능한 교사, 멋진 교사였다고 자신하지 못한다. 실수하고 실패한 적도 있다. 알았으면 결코 하지 않았을 일도 무지했기 때문에 했던 행동도 있다. 그러나 스물넷 미숙한 모습으로 교사가 되었던 나는 선생님 이라는 이름으로 불리는 동안 세상으로부터 배우고 더 나아지려 노력했다는 말은 할 수 있다. 학생들을 내 틀에 가두지 않고 있는 그대로 사랑해야 한다는 것을 잊지 않으려 노력했고, 동료들과 학부모를 마음으로부터 존경하는 태도를 견지하려 애썼으며, 무엇보다 열심히 공부했다. 그러나 더 일찍부터 많이 배우고 성숙한 교사로서 학생들을 만났어야 했다는 아쉬움이 남는다. 교사란 어때야 하는지 미리 알았어야 했다고 생각한다. 진짜 그래야 했는데, 그렇지 못하고 어리석었던 나를 생각하면 얼굴이 화끈거리고 자책과 후회로 심장이 두근거린다.

요즘 나는 ADHD로 어려움을 겪는 아동을 돕기 위해 가끔 학교를 방문한다. 아동의 학교로 찾아가 부모, 학생, 담임을 교대로 만나고 관리자와도 면담한다. 학생이 생활하는 공간은 대부분 학교이고, ADHD 증상을 보이는 학생들에게서 나타나는 조절력의 문제는 관계, 학습, 행동과 태도, 말 등 모든 부분에 관련되어 나타나기 때문에 단순히 학생 당사자와 하는 상담보다는 가족과 학교를 아우르는 통합적 접근이 필요하다. ADHD 증상을 보이는 학생에게는 전문가의 진단을 통한 약물 복용과 함께 친구, 교사, 가족 등과 어떻게 관계를 맺고 유지하는지 기술을 가르치고 훈련시키는 것이 도움이 된다. 또한 담임교사는 이 학생과 학급의 학생들을 어떻게 대해야 하는지, 갈등이 생겼을 때 어떻게 효율적으로 해결할지 방법을 숙지해야 한다. 물론 가장 중요한 건 부모의 양육 태도이기 때문에 교육과 코칭을 포함한 가족상담이 기본으로 이뤄진다. 또 학교의 관리자를 통해 이 학생을 통합적으로 지원할 수 있는 현실적인 방법들을 도출해야 한다. 이렇게 접근해야 ADHD 행동 문제를 가진 학생과 학급의 다른 학생들, 담임 및 부모에게 실질적으로 도움이 된다.

다 함께 노력해야 한다고 외치면서도 학교는 부모에게, 부모는 학교에 더 큰 책임이 있다는 말을 흘리는 상황이면 문제를 해결할 길은 요원해진다. 우리에게 최선은, 학생을 도울 수 있는 나와 같은 전문가가 학교에 가서 굳이 애쓰지 않아도 지원 시스템이 갖추어지고, 도움이 필요한 학생들을 다룰 수 있는 훈련받은 교사들이 학교에 상주하는 것이다. 이런 환경을 조성하기 위해 교사를 꿈꾸는 이들에게는 학생 상담을 할 수 있는 훈련이 포함된 교육과정을 제공하고, 현직 교사들을 위해서는 실제적인 상담훈련을 받을 수 있는 연수과정이 개설된다면, 학생 문제를 다루는 일에 상당한 도움을 받을 것이다. 다른 한 편으로 생각해 볼 수 있는 일은 현재의 전문상담교사제도를 보다 내실 있게 운영하는 것이다. 이들이 학교의 구조와 환경을 충분히 파악하고, 학부모 및 교사들과 협력해 어려움을 겪는 아동들을 지원할 수 있도록, 가족상담, 교사들과의 협력 방법 등을 실질적으로 활용하도록 지원하는 것이다.

　어제는 교사들의 상담 역량을 증진시키기 위한 상담 컨설테이션을 진행하기 위해 경기도의 한 초등학교에 다녀왔다. 교사들을 위한 훈련을 의뢰하는 학교와 일하는 것은 긴장되면서도 짜릿한 즐거움을 준다. 학교를 떠났어도 내 삶은 선생님이었던 과거와 그리 멀리 있지 않다. 공식적으론 학교에 속해 있지 않지만 지금도 나는 선생 같고, 선생님을 깊이 이해하는 편이다. 비록 그들과 공감하는 일이 적어지고, 다른 눈으로 학교를 볼지라도 그렇다. 여행을 가도 학교가 눈에 띄고, 학생들이 보이고, 선생님들을 눈여겨보게 된다. 만나는 사람들과 학교, 학생들, 선생님에 대해 이야기할 때마다 여전히 학부모보다는 선생님의 입장에 선 나를 발견한다. 새로운 길을 택했지만 나는 여전히 학교라는 숲 속에 있다.

　나는 종종 나의 학생들이 사랑을 하고, 결혼을 하고, 부모가 되었다는 소식을 듣는다. 그때마다 녀석들이 대견하고 고맙고 사랑스럽다. 퇴근하다가 친구 대하듯 "선생님, 뭐하십니까?" 하고 전화하는 마흔일곱 군인 아저씨, 주말에 아기와 남편을 데리고 놀러오는 녀석, 귀국하면 아기를 데리고 인사하러 오는 아이, 선생님이 되어 내가 걸었던 길을 걷는 아이, 그리고 내 앞에서 군대 이야기를 신나게 떠드는 녀석들까지. 젊고 아름답고 현명하고 씩씩한 나의 학생들로부터 인생을 배운다. 내 학생들은 스승이자 기쁨이며, 보람과 자부심의 원천이다. 그리고 이젠 시대에 뒤떨어지고 나이 들어 가는 나를 도와주고 가르쳐 주는 은인이다.

선생님도 경험 속에서 성장한다. 미성숙했던 시절에 만났던 나의 학생들에게는 미안함과 죄인 같은 마음 때문에 부끄럽다. 그 시절 내가 조금 더 지혜롭고 더 당당하고 더 선생님다웠다면 얼마나 좋았을까? 지금 알고 있는 것을 교사가 될 때부터 알았더라면, 그런 선생님으로 학생들 앞에 섰더라면 얼마나 좋았을까 후회스럽다.

나는 1학기를 끝으로 학교를 떠나느라, 남은 학기를 마치지 못하고 나왔다. 교직을 그만두고 6개월 동안, 언덕 위 초등학교에서 울리던 종소리에 전전긍긍했던 마음은 학생들을 두고 학교를 떠난 내가 치러야 할 대가였다. 이제 그 학생들은 자라서 스무 살, 자기 생의 한복판으로 걸어 들어가는 나이가 되었다. 나의 학생들이 스스로 선택한 삶을 진하게 살아 내며 삶의 정수를 맛보기를 진심으로 바란다.

학교를 떠올리는 날은 생각이 많아진다. 미처 말하지 못한 이야기가 그득하다. 어수선하고 급변하는 세상의 한가운데서 학교 안 그들이 진정 안녕한지 알고 싶다. 그립고 보고 싶은 사람도 많고 궁금한 일도, 다시 가 보고픈 공간도 있다. 학교를 떠올리면 이곳저곳에서 학생들을 마주쳤던 순간, 웅웅 울리던 쉬는 시간 복도의 소리, 교실을 향해 구르던 급식 차 소리도 바로 옆에서 들리는 것 같다.

오래전, 아버지께서 돌아가시기 하루 전, 거짓말처럼 잠시 정신을 차리시곤 엄마에게 말씀하셨다. "국향이는 참 잘 컸어." 그 말은 쉽지 않았던 여건 속에서 나를 꼿꼿이 서게 했던 힘이었다. 과묵하셨던 아버지의 말씀 속에 담긴 그 사랑을 느끼지 못했다면, 말 보다는 늘 딸을 위한 택배 박스를 포장하셨던 어머니가 계시지 않았다면 교사로서 몇 개의 역할을 오가며, 학위도 가족상담사로서의 훈련도 마치는 일이 쉽지 않았을 것이다. 힘들 때면 눈을 감고 아버지가 누워계신 낮은 산 아래를 떠올린다. 그립고 보고 싶은 마음에 눈물이 핑 돈다. 첫 책을 마무리 짓다 보니, 자신만만하게 나를 선생님으로 만드셨던 아버지와 제자들을 그윽하게 바라보시던 구본형 선생님이 떠오른다. 살아계셨다면 내가 쓴 이 책을 보시고 누구보다 기뻐하셨으리라. 내 학생으로 살았던 아이들, 부족한 선생을 이해하고 따스하게 품어 준 학부모들, 나를 가르쳐 준 동료들과 학교 밖 스승들에게 고맙다. 미적거리는 나에게 용기를 주며 이 책을 끝내도록 도와준 홍승완 작가에게 감사드린다. 무엇보다 부족한 사랑에도 불구하고 멋지게 성장한 두 아이와 언제나 나를 지켜 주고 아껴 주는 사랑하는 남편에게 고마움을 전한다.